子ども家庭支援の心理学

松本園子／永田陽子／長谷部比呂美
日比曉美／堀口美智子

ななみ書房

はじめに

　保育士養成課程の見直しが行われ，2019 年度より実施の新課程が示されました。本書は，このたび新設された科目「子ども家庭支援の心理学」のテキストとして作成したものです。

　厚生労働省から示された「教授内容」には，この科目の＜目標＞として以下の 4 点があげられています。

1　生涯発達に関する心理学の基礎的な知識を習得し，初期経験の重要性，発達課題等について理解する。

2　家族・家庭の意義や機能を理解するとともに，親子関係や家族関係等について発達的な観点から理解し，子どもとその家庭を包括的に捉える視点を習得する。

3　子育て家庭をめぐる現代の社会的状況と課題について理解する。

4　子どもの精神保健とその課題について理解する。

　「子ども家庭支援の心理学」は，従来の「保育の心理学Ⅰ」「家庭支援論」「子どもの保健Ⅰ」から内容の一部を移し総合したものとして設定されています。従来，これら三科目のテキストとしてななみ書房から『保育の心理を学ぶ』，『実践・家庭支援論』，『子どもの保健』が刊行されてきました。今回の出版にあたり，三書の執筆者により新たなチームを組み，前書をベースに新科目にふさわしい内容に修正執筆しました。

　本科目の目的は上記の厚生労働省「教授内容」にみられるように様々な内容が含まれ，色々な捉え方があろうかと思います。私どもは，本科目の新設について，今日の子どもと家庭をめぐる状況に即し，保育士養成教育において子育て家庭支援の内容を強化する必要からの改訂と理解しました。そして，本書を，学生が子どもとその家庭を包括的に捉え，子どもと家庭へのこころの支援にあたる力をつけることに役立つものとなることを願ってまとめました。

　第 1 章「生涯発達と初期経験の重要性」では，生涯発達に関する心理学の基礎的な知識を習得することをめざします。

　第 2 章「家族・家庭の理解」では子どもが育つ場として重要な意味をもつ家族・家庭についての理解をすすめます。

　第 3 章「子育てに関する現状と課題」では子育てをめぐる人々の希望と現実の乖離が生み出されている現状とその背景に注目し，現代の子育て家庭が置かれている状況と課題について理解します。

第1章から第3章までの学びをベースにし，第4章，第5章では，子どもの問題を子どもだけの理解に留めず包括的に捉え，実践的な対応を提示しています。

　第4章「特別なニーズを持つ家庭と援助」では，子どもの育てにくさや障害という困難のある家庭，家庭がもつ状況から様々な子育て困難のある家庭をとりあげ，それぞれの支援の課題を考えます。

　第5章「子どもの精神保健とその課題」では，子どもが示す様々な気になる行動の意味を読み取り，子どもと家庭への適切な支援ができるよう，まず各発達段階特有の課題について，さらに喪失体験，児童虐待，発達障害にかかわる課題について述べます。

　2019年7月

著者一同

子ども家庭支援の心理学

もくじ

はじめに

第1章　生涯発達と初期経験の重要性

① 人生周期の階層的構造 ……………………………………9
- **1** 発達段階と漸成　9
- **2** 発達課題と危機　10
- **3** 人格的活力　11
- **4** 同一性　12
- **5** 相互性　12

② 人間の発達過程 ……………………………………12
- **1** 乳児期　12
- **2** 幼児期前期　13
  - ●コラム　《基本的生活習慣と免疫力や大脳の発達との関係》　14
- **3** 幼児期後期　15
  - ●コラム　《遊びの治療的機能》　16
- **4** 児童期（学童期）　17
- **5** 青年期　17
- **6** 成人期　19

第2章　家族・家庭の理解

① 家族・家庭の意義と機能 ……………………………………21
- **1** 子どもが育つとは　21
- **2** 子どもが育つ場としての「家族」「家庭」　23
  - **1** 生存と生活の保障　23
  - **2** 情緒的つながり　23
  - **3** 社会化　24
  - **4** 経験の場　24
  - **5** 社会資源の利用　24

② 親子関係・家族関係の多様性 ……………………………………25
- **1** 多様性を認める　25
- **2** 家族の状況　25

③ 子育ての経験と親としての育ち ……………………………………27

第3章　子育て家庭に関する現状と課題

1 子育てを取り巻く社会的状況 ………………………………30

  1 都市化の進行　30

    1 家庭や地域の子育て力の低下　30

    2 子どもの遊び場の喪失　30

  2 少子化の進行　31

    1 子どもの社会性や対人能力の育ちへの影響　31

    2 親や親子関係への影響　32

    3 子どもの「親性・養護性」の育ちへの影響　32

  3 情報化・消費化の進行　33

    1 情報化・消費化社会の子ども　33

    2 情報化・消費化社会の子育て　35

  4 高学歴化　36

  5 雇用の不安定化　37

    1 非正規雇用の増加　37

    2 非正規雇用と結婚　38

    3 ひとり親世帯の増加　38

    4 子どもの貧困化と貧困対策　40

2 ライフコースと仕事・子育て ………………………………41

  1 「母親のみによる育児」の広がりと見直し　41

  2 共働き世帯の増加　42

  3 男女共同参画の国際的潮流　44

    ●コラム　《人間開発指数（HDI）と

              ジェンダー・ギャップ指数（GGI）》　45

3 多様な家庭とその理解 ………………………………46

  1 子育てをめぐるさまざまな思い　48

    1 子育ての喜び　48　　　　**2 育児ストレス**　49

  2 子育ての負担感　49

    1 教育費の負担感　49

    2 長時間労働の負担　50

    3 解消されない待機児童　51

    4 仕事と家庭の両立の困難　51

    5 増えない男性の家事・育児時間　52

  3 求められている多様な子育て支援策　54

もくじ　　5

第4章　特別なニーズを持つ家庭と援助

1 特別なニーズへの支援の考え方　……………………………57

  1 特有の状況の把握　58

  2 適切な情報の提供　58

  3 他機関との連携　58

2 育てにくさや障害のある子ども　………………………………59

  1 障害を受け容れる困難の理解　59

  2 親への対応　61

    1 状況の深い理解をする　61

    2 心配を心配として受け止める　61

    3 親を左右する保育士の言葉　62

    4 きょうだいへの配慮　62

    5 情報の提供　62

    6 専門家の紹介と連携　63

  3 子どもへの対応　63

    1 障害を持つ子どもへの対応　63

    2 落ち着きのない多動といわれる子どもへの対応　64

    ●コラム 《集中力をつける》

        絵本を（読むのではなく）共有して見る　65

    3 情緒的な問題を現す子どもへの対応　67

3 ドメスティック・バイオレンス　………………………………68

  1 ドメスティック・バイオレンスとは　68

  2 DV のサイクル　69

  3 DV の社会的対応　70

  4 DV 家族への対応　71

    1 関連機関との連携　71

    2 園内での連携　71

4 ひとり親家庭　……………………………………………………73

  1 ひとり親家庭の置かれている状況　73

  2 喪失体験と心のケア　73

  3 相談できるところ　74

  4 家族への対応　75

5 ステップファミリー　……………………………………………76

  1 ステップファミリーについて　76

2 家族への対応　77

6 里親家庭 ………………………………………………………78

1 里親になじむまでの心理　78

2 家族への対応　79

7 日本で子育てをする異文化（外国籍）の家族 ……………80

1 子育ての悩みは世界共通　81

2 情報の提供　82

3 孤立を防ぐ　82

4 母国語で話せる仲間づくり　83

●コラム《外国人のボランティアを探そう！》83

第5章　子どもの精神保健とその課題

1 子どもの心の理解－子どもの行動の意味を読み取る …………86

1 成長段階と精神発達課題　86

2 子どもの心の訴え方　86

3 気になる行動への対応の考え方　87

4 相談へつなげる　89

●コラム《地域で心理相談や

子どもの発達相談のできるところは？》90

2 乳児期の精神保健 ………………………………………90

1 基本的信頼感の形成　90

2 問題行動とその対応　91

●コラム《乳児の理解》93

3 幼児期の精神保健 ………………………………………93

1 生活習慣に表れる問題　94

❶ 排　泄　94

❷ 食　事　95

❸ 睡　眠　96

2 行動に表れる問題と対応　96

❶ チック　96　　　　　　　　**❷** 吃　音　97

❸ かん黙　98　　　　　　　　**❹** 指しゃぶり，爪かみ　98

❺ オナニー　98　　　　　　　**❻** 登園拒否　99

3 集団の中での問題と対応　100

4 児童期の精神保健 ………………………………………101

1 勤勉性の獲得　101

2 不登校　101

3 学業不振　102

4 集団生活であらわれる問題と対応　103

　❶ 他児とのトラブル　103

　❷ いじめ　103

5 青年期の精神保健　……………………………………………104

1 アイデンティティ形成の危機　104

2 強迫性障害　105

3 摂食障害　105

4 家庭内暴力・ひきこもり　105

5 うつ病　106

6 パーソナリティ障害　106

7 非行等の問題行動　107

6 喪失体験による問題と対応　………………………………107

1 離婚等による喪失体験と対応　107

2 災害による喪失体験と対応　108

　❶ 被災後の経過　108

　❷ 子どもの行動と対応　109

　❸ 保護者の行動と対応　110

　❹ 保育士自身の心がまえ　110

7 児童虐待　………………………………………………………111

1 児童虐待と種類　111

2 子どもの行動と心理　112

　●コラム　《子どもは虐待する相手を守る》　113

3 発見と対応　113

4 通報の流れ　114

5 予防的対応－危険因子は何？－　115

6 親への対応　116

7 子どもへの対応　117

8 発達障害　………………………………………………………118

1 自閉スペクトラム症　118

2 注意欠如／多動症　120

3 限局性学習症　120

4 発達性協調運動障害　121

【執筆者】

第1章①② - **1****2****3**　［日比］

第1章② - **4****5****6**　［長谷部］

第2章　［松本］

第3章　［堀口］

第4章　［永田］

第5章　［永田］

第1章
生涯発達と初期経験の重要性

　一人ひとりの生は自分で選んだものではない。与えられたものである。そして，一人ひとりの生を充実した生き生きとしたものにしたいという思いは，親のみならず，保育や教育に携わるものの切なる願いである。本章は，生涯発達に関する心理学の基礎的な知識を習得することをめざす。そのため，主としてエリクソン，E.H. の人生周期（ライフ・サイクル）の理論に依拠し，乳児期から老年期にいたる人間の生涯発達がどのように実現されていくかをみていく。

1　人生周期の階層的構造

　エリクソンは，生まれてからその生涯を終わるまでの期間を連続してとらえる人生周期という構想を示した。ここでは，人間の生涯発達と学習の課題をエリクソンの理論でとらえ，可能性がどのように実現されていくかをみていきたい。
　まず，エリクソン理論の特徴として5つの概念を挙げておく。

❶ 発達段階と漸成

　エリクソンは人間の生涯を8つの階層（段階）に区分し，それらの階層間

発達：
「発達」という用語は狭義か広義の，どちらかの意味で用いられている。狭義の「発達」は成熟とほぼ同じ意味であり，広義の「発達」は「成熟＋学習」の意味で用いられる。ここでは狭義の発達。

学習：
経験により，行動が比較的永続的に変容すること。

漸成：
前の階層を土台として次の階層が成立すること。

表1−1
漸成的図式

（エリクソン 1963を改変）

には「漸成」の過程が成立するという。表1−1はその「漸成的図式」の概要である。

階　層	年　齢	発達課題と危機	人格的活力
1	乳児期	0〜1	基本的信頼 ― 不　　信	希　望
2	幼児期前期	1〜3	自　律　性 ― 羞恥・疑惑	意　志
3	幼児期後期	3〜6	自　発　性 ― 罪　悪　感	目　的
4	児童期	6〜12	勤　勉　性 ― 劣　等　感	有能感
5	青年期	12〜20	自我同一性 ― 同一性拡散	忠　誠
6	成人期前期	20〜30	親　密　性 ― 孤　　独	愛
7	成人期中期	30〜65	生　殖　性 ― 停　　滞	世　話
8	成人期後期	65〜	自我の統合性 ― 絶　　望	知　恵

2　発達課題と危機

発達課題：
［基本的信頼］母親を信頼し，こころが安定すること。
［自律性］自分で判断して行動すること。他律性の反対語。
☆「自立」の反対語は，「依存」である。
［自発性］自己発動性のこと。
［勤勉性］仕事や勉強に励むこと。
［自我同一性］自分は自分であるという感覚。
［親密性］自分の「同一性」と他者の「同一性」を融合する能力。
［生殖性］包括的な意味で産み出すこと。
［自我の統合性］一回かぎりの自己の独自な人生周期を受け入れること。

　発達課題とは，特定の発達段階にはその発達段階として特有の内容をもった課題があるという概念で，一人ひとりが健康なパーソナリテイを形成するために学ばなければならない課題である。

　エリクソンは人間の生涯は「自我の統合」に到達することを最終目標に発達し続ける過程で，「学ぶ」という営みから切り離すことのできないものととらえている。この学ぶということは，一人ひとりに成立するかけがえのない特殊な状態を「どう受けとめるか」という問題である。

　エリクソンの提示した発達課題には，**精神的健康**を構成する8つの要素が含まれている。生涯のはじまりとともに発達させなければならない精神的健康の第1の構成要素は基本的信頼の感覚，第2の構成要素は自律的意志の感覚である。第3は自発性（積極性），第4は勤勉性，第5は自我同一性，第6は親密性，第7は生殖性，第8は自我の統合性である。これら8つの各要素は人生周期の各階層に対応している。発達課題は，発達段階という敏感期（最適時）に達成されることが望ましく，その時期を逃すと達成が困難になるのである。

対立する両者：
発達課題と危機のこと。

　さて，発達課題を達成する時には**対立する両者**を学ぶことが必要である。第1の構成要素「信頼」は「不信」の経験があって初めて獲得できることである。しかし，不信を乗り超えるためには，不信よりは信頼の経験を多くすることが必要である。以降の階層についても同様で，対立する両極端がどういう割合で，その個人の基本的な社会態度に含まれていくかということが重要である。

3 人格的活力

人格的活力とは,「われわれを生かし,活動を意味づけ,生き生きとさせる内的な力,若さのようなもの」で,「自我の強さ」と密接な関連をもつものである。

人格的活力としての希望・意志・目的・有能感・忠誠・愛・世話・知恵は各段階での葛藤が解決されていく時,**順次に形成**される。

❶ 希 望

　現状にとどまらずに,自ら「よい状態」を求めること。パーソナリティの漸成の土台になっている。

❷ 意 志

　意志という特徴をもっている行動には「意図」と「制御」という条件が必要である。この意志の現れによって「自己意識」が成立する。

❸ 目 的

　目的意識が成立し,目的行動が組織化されることによって,意志はさらに進む。

❹ 有能感

　「自分は有能だ」という優越感のことではなく,「自分には自分なりの能力がある」と自分で自分を評価する能力のことである。

❺ 忠 誠

　「社会的役割」を求めて自ら選択し,情熱的にうちこみ,誠心誠意で試みることである。

❻ 愛

　自分の何かが失われるという恐怖なしに,自分の「同一性」と他者の同一性とを融合する能力である「親密性」をささえているのが,愛である。ここでの愛は「**与える愛**」が中心である。

❼ 世 話

　対象によって必要なように配慮したり,手をかけたりすることである。産んだ子どもを育てることから,よその子どもを育てる,他者への助力,生活物資の生産,文化的な事物をつくることまで,その範囲にふくまれる。

❽ 知 恵

　ありのままに自分を知ることによって,自己を受容すること。この知恵が成立するには「自我の統合性」の成立が必要である。知恵とは「自己洞察」に他ならない。

そして,希望➡意志➡・・・➡知恵という順序そのものは変わることはない。

順次に形成:
人間に「可能性」としてふくまれている機能が,現実に現れることである。人格的活力も漸成されるため,希望が保証されないと意志力は養われないし,忠誠心が確固としたものにならないと,愛は生まれてこない。

与える愛:
この与える愛によって自己意識は拡大する。

世話:
「系統発生」としての次の世代の人たちへの愛である。

連続：
たとえば，分離に対する対応の問題である。幼児は母親との間に，直接に肌で感じとれるような分離体験をする。児童はことばのレベルで分離をとらえることができる。青年は家族からの自立という形で分離を体験し，自分も新しい家庭を作り，生まれ育った家庭から実質的に巣立ってしまう。そして，子どもを産み育てる。成人中期になると，自分の子どもたちが独立していくことになり，今度は子離れという形で分離を経験する。いずれの場合にも，人間はそれぞれの階層において，愛する者から分離するという「同一」のテーマを経験するわけである。

相互性：
乳児期の発達課題は母親（養育者）との関係で基本的信頼を身につけることであるが，母親（養育者）は乳児の世話をすることが発達課題である。すなわち，赤ちゃんは母親に育てられるが，母親は赤ちゃんに育てられるのである。教師と生徒の関係も同様である。

パーソナリティ：
一人ひとり異なる人間が自分と異なる他者との関係で，自分を変えたり（社会化），自分を変えずに主張したり（個性化）する。社会化と個性化は逆方向であり，社会化と個性化のバランスをとり適応する。バランスがとれないと不適応をおこしてしまう。

脳：
成人の脳は体重の約2.5％であるのに対して新生児の脳は体重の約13％である。比較すると子どもの脳の体重比は成人の5倍の割合を占めている。

赤ちゃん：
かつては，生まれたばかりの赤ちゃんは「大人の世話を一方的に受ける，

④ 同 一 性

人間の生涯を「同一」と「連続」という2つの軸によってとらえている。「同一」とは「自我同一性」（アイデンティティ）というエリクソン理論の中心的概念である。自我同一性とは，一人ひとりの自分を内的に支え，統合する役目を果たす自分を言い表す概念で，自分が自分であるという自信のことであるともいえる。その自信は自然や社会や他者との相互的な関わりの中で，生涯を通じて確かめられるのである。

⑤ 相 互 性

「相互性」は世代間の交流のことである。交流を通して互いがそれぞれの発達課題を達成する。

人間は，誕生後の発達の過程で，それぞれの段階で解決すべき課題と取り組み，自我の統合に到達することを目標に発達し続ける存在である。が，その発達課題は相互性の中で達成される。パーソナリティは相互性の中で漸成されるのである。

2 人間の発達過程

① 乳 児 期

人生最初の1年間における経験が脳の神経細胞のネットワークの基礎を築き，その後の理解力，創造力，適応力を生み出す原動力となる。問題解決など分別ある思考の神経的な基礎はこの時期に確立される。そして脳の形成に必要不可欠なのが赤ちゃんと養育者の情動的なつながりであり，それをエリクソンは基本的信頼という。基本的信頼とは，母親（養育者），世界，自分を信頼し安心することである。

人間の発達は生涯続くものであるが，どの時期も同じ重さをもつものではない。初期の発達と後期の発達とでは意味が異なり，初期の発達は重要性をもつ。初期経験とは人生初期の経験のことであるが，脳の発達との関係が深い。一定の時期（臨界期）を逃すと，その学習は不可能になるという特徴をもつものである。刻印づけも初期経験によるものであるが，その効果は永続的であり，いったん成立した学習は取り消すことのできない特徴（非可逆性）をもっている。胎児の胎内での経験も，初期経験と考えられる。

初期経験は後期発達の前提であり，土台でもある。人生初期の経験は，その後の発達に重大な影響を与えるのである。初期の発達を順調に進めるためには，環境の影響は動かしがたい。

　乳児期に獲得されるべき人格的活力は「希望」である。赤ちゃんはなぜ泣くのか？それは，希望があるからである。希望とは現状にとどまらずに，自ら「よりよい状態」を求めることである。希望とは「求めたものは必ず得られる」という確固たる信念である。

　しかし，養育者が乳児の欲求を的確に読みとることができず，その欲求に的確に応じることができない場合がある。求めても必ずしも得られないと感じてしまうと，乳児とて無駄に求めることはしなくなる。そうした時，乳児は自分の欲求を満足させてくれない環境へ不信の感覚を抱く。不信とは身体的・心理的安らぎが得られない不安や恐怖の感覚である。

　「泣くこと─泣きやむこと」は乳児の外界への適応を意味している。時には，期待や予想がはずれ，泣いてもすぐに応えてもらえないこともある。そうした時の不安な気持や切なさを養育者から慰められ，抱きしめられると，乳児は自分を取り戻しようやく泣き止む。乳児は生まれて間もない頃からこうしたことをしているのである。このような発達課題対危機を解決する「乗り超える」という仕組みは，人生周期の中でいろいろな試練を乗り超える仕組みである。

　新生児の世界は外界と自己が未だ分化していない未分化の状態で自我の境界はない。しかし，生後しばらくすると，「自分」の存在にも何となく気づいてくる。自己感と呼ばれるその段階を経てはっきりと自分の存在に気づく時がくる。自分で言葉を発する時，自分の足で立った時である。自分の存在に気づくことを「自己意識の成立」という。これによって人間の心は初めて心らしくなる。これは心の誕生ともいうべき重要なことである。

2　幼児期前期

　幼児期前期（1〜3歳）は，それまでの「掴（つか）む」という占有の次元に，筋肉組織の発達により自発的に「落とす」，「投げる」という次元が加わる。発達した筋肉組織をどのように使用して何をするのかを決めるのは，行動の主体である子ども自身である。この時期には「離乳」「直立歩行」「発語」という現象が見られる。

　自律ということ，例えば，身体をコントロールして初めて一人で立つことには多くの意味が含まれている。自律は身体の自律に始まるが，これは，その後の生活のすべてに関わる重要なことである。自律性を育てるためには恐怖や不安を乗り超えるだけの「心の安定」がはかられることが必要である。

何もできない存在」と考えられてきたが，1970〜1980年代以降の赤ちゃん研究によって「赤ちゃん像」は次々と塗り替えられてきた。赤ちゃんは生まれたときから，外に開かれた豊かな存在で，対人的に方向づけられたコミュニケーション能力など，さまざまな能力をもつ「有能な存在」であることが明らかになってきた。

（前頁）
刻印づけ：
刷り込み（imprinting）ともいう。ローレンツ,K.によって報告された現象である。ハイイロガンやコクマルガラスなどの離巣性の水鳥のヒナでは，孵化後，特定の時期に目にした「動くもの」に後追い反応をすること。

重大な影響：
生物の進化の中で最も後期に現れてくる心に関する臨界期については，さまざまな研究がある。

自律：
自分の行為を自分で規制すること。他律の反対語。

多くの意味：
自負心や賞賛されたいという願望，観衆の目にさらられるという恐怖，倒れることの恐怖など。言葉を話すことも同様である。

心の安定：
甘えの保障である。ただ，甘えさせることと，甘やかすことは異なる。

自己制御：
自己主張と自己抑制の2側面をふくむ。自己主張は3歳頃から4歳後半にかけて急激に高まり，自己抑制は3歳頃から小学校入学まで，なだらかに発達する。

発達課題は漸成の原理に従うため，乳児期に発達課題と危機の統合に失敗している場合には自律性を育てることは難しい。乳児期に十分な愛情を与えられないで育った子どもに自律性が欠けているのはそのためである。

歩行によって行動範囲が拡大する。自分の意図するところを自己制御によって行動したり，言葉に表したりできる。幼児にとってこうした経験は生まれて初めてのことである。

この時期に自己尊重の気持ちが芽生える。自尊心である。ところが，この時期，幼児の心身の能力は未だ十分に発達しているとはいえない。一人で歩いている時に転ぶこともある。言いたいことを表現できないことも，伝わらないこともある。そんな時，周りから笑われたり，叱られたりすると，幼児の自尊心は痛く傷ついてしまう。自己尊重の気持ちを大切に育てたい。

幼児が自らの感覚と筋肉を用いて積極的に経験するチャンスをつかむようになると，自己統制と他者からの統制という二重の要請に直面する。意志をもつということは自己の衝動を生かす判断力と決断力が次第に増大していくことを意味する。

基本的生活習慣：
歩行や発語，基本的生活習慣は免疫力や大脳の発達などと密接な関係がある（コラム参照）。

意志力は成熟して後，衝動の統制がどれほどうまくできるかという自我の特性となる。意志力は他者の意志と拮抗したり協同で働いたりする。意志力には公正さが必要である。

この時期には排泄の訓練など基本的生活習慣のための「しつけ」を始める。

● コラム 《基本的生活習慣と免疫力や大脳の発達との関係》

歩 行	足は第2の心臓である。歩くことで足首の筋肉が血液を心臓に戻す役割をしている。歩くと血液の循環がよくなるのである。子どものからだを巡っている血液の50％が大脳を巡っている。大脳に新鮮な血液を送るには子どもの足腰や腕の筋肉をたくましく鍛えることが必要である。ところが，立つことは重力に反することである。地球の重力に抗して2本足で歩くことは，特に免疫系に大きな負担を与える。
発 語	乳児は口呼吸ができない。口呼吸は発語によって始まる。この口呼吸は扁桃に負担をかけ，免疫力を弱める。
食 事	食べること，これは，人間の根源的な喜びで，同時に命の源である。さて，食べものをよく噛めば唾液もよく出る。唾液自体にも消化酵素が含まれているが，唾液が多く分泌されれば，口内の清潔にも効果的である。さらに噛むことで脳の血流が活発となり，神経伝達の速度が速くなり，頭の働きがよくなる。また，噛めば歯並びもよくなる。あごの力が強くなり，歯茎が発達する。
睡眠・生活リズム	幼児の起床と就寝の時刻が年々遅くなっている。昔から早寝早起きが大切といわれているが，睡眠は幼児にとって身体の疲れをとり，細胞分裂や新陳代謝のために必要であるばかりでなく，成長ホルモンや生命維持に不可欠な代謝に関係する副腎皮質ホルモン分泌にも深く関係する。成長ホルモンのパターンが成人と同じになるのは4～5歳であるといわれている。「睡眠のリズム」をその頃までにつけることが何よりも大切である。生活時間がずれると，自律神経のバランスが崩れてしまう。それが，乳幼児の心身に及ぼす影響ははかりしれないほど大きい。
排 泄	排泄とは肛門の括約筋を緩めたり，縮めたりすることであるが，これは，感覚運動的知能の発現である。子どもは自分の排泄物に本能的に興味をもつものであるが，幼いうちに大人が嫌悪感を与えては忌み嫌うようになる。そうではなく，排便は快いものであること，生理現象として大切なものであることを体験的に理解させることが大切である。
清潔すぎる環境	ヒトの皮膚の表面にはバイキンから皮膚を守る皮膚常在菌が内在しているが，逆性石けんや薬用石けんはそうした菌まで殺してしまう。また，腸には腸内細菌がいる。腸内細菌の好物は野菜であるので，野菜を食べると，腸内細菌が増え，丈夫なからだができる。寄生虫のいる発展途上国の子ども達にはアレルギーがない。清潔すぎる環境は免疫力を弱くし，それが，アレルギーの蔓延と関係しているようである。

文献⑦⑧を参考に作成

基本的生活習慣の自立を果たしていく過程で，幼児は自信と，新たなことに挑戦する意欲を育んでいく。大人は幼児のやってみたいという意欲を励まし，できるようになっていくことを共に喜びながら，幼児が自信をもって新たなことにチャレンジし続けるように後押しすることが大切である。一所懸命に自律の努力をしている子どもが失敗した時に，笑ったり，厳しく叱ったりすると，子どもは深い恥の体験をし，表現しない子どもになったり，自分のしたことに疑惑の気持ちをもつ子どもになることがある。

疑惑：
自分のしたことを自分は本当に求めたのであろうか。自分の求めたことを自分は本当に行ったのであろうかというディレンマである。青年期の偏執病につながることもある。
羞恥と疑惑の関係は目に見える正面と目に見えない背面の関係である。

❸ 幼児期後期

　幼児期後期はおよそ3歳から6歳の期間に相当する。この時期の子どもは幼児期前期に獲得した自律性や意志に基づいて積極的に自分の設定した目的を達成することに向かっていく。

目的：
自分の行動について予測性をもつこと。

　3歳を過ぎる頃になると感覚運動機能は発達し，自分の力で自由に歩いたり走ったりできるようになる。幼児期前期から後期にかけて言葉は著しい発達を示す。幼児期前期に子どもは自分が心の中につくった表象やイメージに応じて遊ぶことができるようになる。現実に目の前に具体的なものがなくても言葉という記号（象徴）を用いてそのものを表すことができるようになったのである。ピアジェ,J. は2歳〜4歳の子どものものの考え方を「象徴的思考」と呼んだ。この象徴的機能の獲得によって，子どもの内面的世界は一挙に大きく豊かなものへと拡大されていく。

表象：
段ボールの箱を車や家に見たてるなど，ある事物を別の事物におきかえて再現すること。

　エリクソンは幼児期後期を「遊びの時代」ととらえている。子どもは遊びを通して自己と自己をとりまく現実に出会い，積極性を獲得し，罪悪感を克服して，この階層で学ばなければならない心理社会的態度を身につけていくのである。遊びはビューラー,Ch. がいうように，「機能の喜び」をともなう活動である。子どもは楽しいから自発的に遊ぶのであるが，その結果，心身のさまざまな機能が発達する。また，子どもの働きかけに対して反応が返ってくることにより，子どもは「自分はまわりを変えることができる」という自己効力感をいだくことができる。これは自発性（積極性）の原動力になる。

　ピアジェによれば，「象徴的思考」（2〜4歳）の次は「直観的思考の段階」（4〜7，8歳）である。この時期の子どものものの見方，推理や判断は直観的作用に依存していて，「見かけ」に左右されやすいのがその特徴である。しかし，「上位概念と下位概念」「一般と特殊」などを把握する力を発達させて，子どもなりの論理性を示すようになる。いろいろなものに知的好奇心を示し，概念化していくことに積極性を示すのである。

ビューラーの遊びの分類：
①感覚遊び；聞く，見る，触るなど感覚機能を用いる遊び。
②運動遊び；走る，落とす，投げるなど運動機能を用いる遊び。
③想像遊び；ごっこ，見たて遊びなど象徴機能を用いる遊び。
④受容遊び；絵本の読み聞かせ，童謡を聞くなどを楽しむ遊び。
⑤構成遊び；粘土や積木で自分のイメージしたものを作る遊び。

　外界への探索と概念化は自己概念の形成とも結びつき，自己評価もできるようになる。幼児期後期の積極性は自己の外的世界に対する積極的な概念的

知的好奇心の発揮：
子どもが触れてはいけない価値や基準に触れる時には，禁止される，罰せられるなどし，子どもは罪悪感を抱く。が，子どもが積極性対罪悪感という危機を肯定的に解決するためには，圧倒的な罪悪感を抱かせないようにしなければならない。

協同遊び：
共通の目標があり，ルールや役割分担がある遊び（パーテン, M.D. の分類による）。

自己中心性：
視点の変換ができないこと。

遊び：
治療的機能もある（コラム参照）。

探索である。積極性とは知的好奇心の発揮である。

　幼児期後期の人格的活力は目的である。この時期には移動能力の増大と認知能力の発達によって身体的にも認知的にも自己を統制する能力が育ち，我慢すること，約束やルールを守ることもできるようになる。集団生活の中での仲間同士の関わりも協同遊びの内容も複雑になる。

　幼児にけんかはつきものである。この時期は「自己中心性」により自分の考えや立場に固執するため，また，友だちの立場を理解できないために，しばしばけんかが起こる。けんかは幼児にとっては自己主張，自己抑制，忍耐力，負けた時の悔しさなどを体験を通して学習する機会である。相手にけがをさせたり，相手の心を傷つけたりした場合には，注意したり諭したりしながら，ルールを守ることができるようにさせなければならない。しかし，幼児期前期と異なり，自分の意志を表現し意識する中で，相手の気持ちを理解し，解決法を見出すこともでき，また，公平な判断力も芽生えてきているので，場合によってはその解決を幼児にまかせて見守ることも必要である。

　幼児は遊びの世界の中に現実の様々なことや現実の目的を移し替え，主題に応じて自分の過去の経験や予想される未来を感じる。そして，やがてしなければならない実際の役割，道具の使用，未来に修得するであろう様々な能力や技術，およびそれらが内包している目的を学びとっていくのである。

● コラム　《遊びの治療的機能》

水遊び	単純でもっともやさしい遊びで，乳児も好む。感覚的な快感をもたらし，欲求不満などによるストレスを解消する。
砂場遊び	全身で自分を表現することができる遊びで，子どもは大好きである。グループで山や川，トンネルを掘ってダイナミックに遊ぶこともでき，人間関係も育てる。
粘土遊び	粘土は扱いやすく，変形も容易にできるので，子どもに有能感や自信を高め，積極性を育てる。粘土遊びで，たたく，ちぎる，という作業は罪悪感を感じることなく，攻撃性を表現することもできる。
指絵遊び（フィンガー・ペインティング）	子どもは指で好きな色を使い，好きなものを描き，自分の欲求や感情や考えを表現し，視覚的・触覚的・運動的満足を得る。日常生活では大人から禁じられることもある汚すことの喜びで不満・敵意・葛藤を解消し，緊張を和らげ，自発性を伸ばす。引っ込み思案の子どもも快活になり，積極的に行動するようになる。
積み木遊び	積み木は感覚運動能力の向上，対人関係や社会性を育むために用いられている。遊戯療法の道具としてよく用いられ，社会性の育成や攻撃性の解放などに効果がある。引っ込み思案の子どもを集団遊びに導く際に，積み木遊びは有効である。一人遊びから平行遊びを経て，集団遊びに導きやすい。
人形遊び	子どもは自分の不安や恐怖を人形に投影し，人形遊びでは安心して人形で欲求や空想したことを表現する。そして，自分の気持ちや感情などに気づき，問題のある子どもでも無意識のうちに解決の方向に向かう。
ごっこ遊び	子どもはごっこ遊びを通して，感情や欲求，葛藤を表現する。子ども自身も，保育者も，子どもを理解することができ，ごっこ遊びをするうちに，こころの問題の解決につながることがある。

文献⑨を参考に作成

❹ 児童期（学童期）

小学校入学から青年期までの時期を児童期（学童期）という。知的な面での飛躍的な発達や，友人関係を中心とした社会性の発達のみられる時期である。比較的安定しているといわれるが，プレ青年期（プレ思春期）と呼ばれることもある後期（小学校高学年）には，発達加速現象によって子どもたちの身体的発達・性的成熟が前傾，思春期の指標とされる第二次性徴を経験する子どもたちが多くなっている。また，児童期の終わりには，小学校から中学校への進学という，異なる校種，学校文化・環境への移行のなかで，新たな生活・人間関係などへの期待や緊張等の困難を抱えることもあり，社会的にも心理的にも大きな変化を体験することになる。

ピアジェによる思考の発達段階では，「前操作期」から具体的事物についての論理的思考が可能になる「具体的操作期」への発達の時期にあたる。しかし，目の前で観察することができない事がらについては，まだ論理的に考えることができない。また，"9歳の壁"といわれるように，一時的に認識能力の伸びが低下する時期もみられる。エリクソンによる発達課題と危機，「勤勉性（生産性）」対「劣等感」からは，学習面でのつまずきが劣等感とならないような配慮が必要と考えられる。

この年齢の頃は，学校内外で同年齢の仲のよい友達とともに行動し過ごす時間が多くなり，綿密な仲間関係を形成するようになる。小学校の中学年頃からは，同性の数名のメンバーで集まって遊ぶ集団が形成され，児童期後期になると仲間関係はさらに強まる。こうした時期を「ギャングエイジ」という。仲間集団で行動し，仲間だけのルールがあり，時には反社会的な行動をとることもあるが，ぶつかったり仲直りしたりしながら協調性を身につけるなど，様々な社会性を身につけていく。子どもたちの発達にとって大切なプロセスである。こうした仲間関係を中心とした社会性の発達について考えるとき，いじめの発生件数について小学校（とくに低学年）での増加は看過できない。園児にも無視や仲間はずれ等の関係性攻撃がみられることが報告されており，幼・保・小の連携等において，子ども達の仲間関係やいじめ等の問題行動への対応に従来以上の支援が必要となってきていることが示唆される。

❺ 青 年 期

青年期は，人格を自覚的に再構成する時期であり，"第二の誕生"ともいわれ，こころと身体の両面に大きな変化がみられる。知的発達においても，「形式的操作期」に入り，抽象的な論理操作が可能になるとされる。また，人生

児童期：
表1－1「漸成的図式」
(p.10) 参照

増加：
文部科学省による調査結果（平成30年10月25日）。全国の小中高校などで2017年度に把握されたいじめの件数。1000人当たりの認知（発生）件数は2012年までは中学校が小学校を上回って推移していたが，2013年より逆転。

青年期：
日本の場合，中学校（青年前期），高等学校（青年中期），大学（青年後期）の時期。青年前期は，「第二次性徴」の出現による思春期という区分もある。

思春期危機：
時として統合失調症と見紛うほどの大きな変調として現われることもあるが，一過性。

性的成熟：
第一次性徴のほか外見的にも，男子の肩幅や筋肉，喉頭部，声変わり，女子の腰部，乳房の丸み，陰毛・腋毛等，「第二次性徴」といわれる特徴がみられる。

いじめ：
近年はとくに思春期に増加するとはいえなくなっているが，集団で長期に渡っていじめ続けたり，仲間の誰かをターゲットとしていじめを繰り返す等，陰湿化もいわれている。

増加する：
不登校児童生徒の割合（平成29年度）は，小学校0.54％（185人に1人）であるのに対し，中学校3.25％（31人に1人）。

社会的引きこもり：
精神障害がなくても起こる引きこもり状態。厚生労働省の定義では「仕事や学校に行かず，かつ家族以外の人との交流をほとんどせずに，6か月以上続けて自宅にひきこもっている状態」。平成30年内閣府の実態調査による推計では，約61.3万人。

ニート：
職業にも学業にも職業訓練にも就いてない，あるいは，就こうとしない若者。

自我の発見：
自己の内面に目が向けられ，各自のユニークな自己の世界が主観的に発見される。

アイデンティティ（自我同一性）の確立：
表1-1「漸成的図式」参照

における大きな選択として，進路や職業の選択を行う時期でもある。都市化地域では性的成熟に達する年齢がしだいに早期化する「発達加速現象」が目立ち，始期が前傾して低年齢化の傾向，高学歴化，晩婚化等により終期が遅れて，以前より長期化していることを青年期延長という。

「疾風怒濤」と形容されるように，内的な緊張ややり場のない衝動等，青年期の情緒は強烈で不安定，さまざまな心理的特徴もみられる時期である。思春期危機と呼ばれる一過性の精神変調や行動異常さえみられることもある。生理的・身体的変化としては，性的成熟や身長・体重等体位面の爆発的成長が特徴としてあげられる。こうした変化には早熟・晩熟の個人差が大きく，学校等の同年齢の集団ではそれが顕在化したなかで，心理的変化を経験していくことになる。思春期を迎える中学生頃にはいじめ等の問題も出やすく，たとえば，不登校については，児童期と比べて大きく増加する傾向がみられる。また，社会的引きこもりやニートといった困難を抱える青年への支援の推進も図られてきている。

人格面での発達に関しては，「自我の発見」がある。自我の独立に目覚め，大人や既成の権威に反発する反抗的態度が示される時期（「第二反抗期」）が現れ，児童期まで依存してきた親から心理的に独立しようとし，自分の行動や態度を自分の意志で決定しようとする。しかし，親への口答えや拒否を表す青年前期にも依存や甘えも認められる。親から離れ自立しようとする傍ら，思春期特有の親密な人間関係の中で，孤独感やもどかしさ等を仲間と共有しながら自己を見つめ直したり自分らしさを探したりする。人とは異なったユニークな自分らしさを発見し大切にしたい一方で，親友関係を求め，仲間に合わせ行動を共にし，流行にも敏感な時期といえる。

青年期の発達課題「アイデンティティ（自我同一性）の確立」については，「自分は何者なのか，目指す道は何か，社会の中でどのような意味ある存在なのか，人生の目的は何か」などの問いに対して，肯定的で確信的に答えられることが，重要な要素と考えられている。自己探求の際に混乱し自己の社会的位置づけを見失しなった状態がアイデンティティ拡散と言われ，希望を喪失したり自意識過剰や自己を社会的に望ましくない役割に同一化したりするなどの状態となる。人生の理想像や価値観の混乱といった心理状態を，程度の差はあっても多くの青年が経験すると考えられている。また，青年期には一人前の社会人として役割を果たす前に，社会的責任や義務がある程度猶予（モラトリアム）されており，その間に自己探求し，社会的にも心理的にも成長することができるという。

6 成 人 期

成人期は，人間の心理社会的発達を８つの段階としてとらえたエリクソンのライフ・サイクルでは，青年期に続く３つの発達段階にあたる。成人期前期（壮年期）の始まりは"青年期延長"により遅れる傾向にあるが，乳幼児期から青年期までの上昇的な発達的変化に対して，全生涯にわたる発達，すなわち，人間の発達を「自己実現」をめざし続ける過程という視点から捉えられる。身体的・生理的には，老化が始まり，記憶の衰えもみられるが，豊富な経験に基づいた判断力があり，社会的活動は活発な時期である。心理的には，生産性・創造性の豊かな時期といえる。エリクソンによる成人期中期（中年期）の中核的課題は，「生殖性」対「停滞」である。「生殖性」とは，直接的には，子どもを産み育てていくことであるが，包括的に，生産し創造していくことを意味しており，成人期のパーソナリティ発達として特徴づけられている。

成人期後期（老年期）には，様々な機能の衰えや人格変化がみられることがこれまで指摘されてきたが，平均寿命の伸長により，かつての老人のイメージは大きく変化してきている。老年期を対象とした心理学的研究がすすみ，加齢に伴う知覚能力や認知能力等の変化について諸研究結果が報告されている。それらによれば，高齢者の認知機能は単なる低下・喪失ではないこと，知能はかなり高齢まで維持されること，言語能力は大きく低下しないこと，健康な人の基本的なパーソナリティは変化しないこと等が明らかにされている。

さらに老年期になってはじめて達成される心理的機能もあることが報告されている。高齢になってより成熟した防衛機制の働きが増すこと，人生の中で出会ったさまざまな体験をとらえ直し，新たな意味を見い出し，アイデンティティの感覚をもつことができるようになること等である。エリクソンの発達段階では，最終段階として人間の真の智恵，"叡智"と呼ばれる心の状態に至ると位置づけられている。

日本の場合，世界一の高齢社会といわれているが，なかでも今後，超高齢者と呼ばれる年齢層が諸外国でも増加するといわれている。超高齢者を対象とした心理面の研究はまだ少ない。様々な喪失体験を経てなお，生きて在ることに張り合いや意味を感じて生活するために求められることは何か，今後の研究成果が待たれる。

成人期：
表１−１「漸成的図式」（p.10）参照。ハヴィガーストの６つの段階では，壮年初期および中年期が，成人期に相当する段階である。成人期の一時期を中年（middle age）という呼び方をすることもあり，青年期と老年期の間（40 〜 45 歳頃から 65 歳頃まで）の時期を指すことが多い。

老年期：
年齢の区分として老年期を特定することは難しいが，国際的にみても 65 歳以上とするのが一般的。

高齢社会：
2016 年に高齢化率（65歳以上）27.3%

超高齢者：
定義は確定していないが，先進国では 85 歳または 90 歳以上を指すことが多い。

喪失体験：
職業や社会的立場，死別，身体機能の低下等。

● やってみよう

❶ 保育園（幼稚園）で行ったことで，今でも覚えていることはありますか・そのことは今のあなたにどのような影響を与えていますか？

❷ "Who am I？"「私は，○○○である。」という文をできるだけたくさん書き出してください。〈例〉「私は，短学生である。」「私は，看護学生である。」「私は，保育士である。」「私は，次男である。」「私は，福井の出身である。」など。
次に，書かれた文の中から，あまり今の気持ち等にぴったりしないと思う文を線で消していき，三つの文が残るまで繰り返してください。最後に，その三つの文をよく読んで，自分自身に最もぴったりするものを一つだけ残して下さい。残された文は，あなた自身にとってどのような意味・意義・価値を持つのか（アイデンティティ），じっくり省察してみて下さい。

●参考文献・図書●
① Erikson,E.H., Childhood and Society(enlarged ,revised),New York:Norton.1963
（仁科弥生訳『幼児期と社会』みすず書房　Ⅰ：1977　Ⅱ：1980）
②小口忠彦編『人間の発達過程　ライフサイクルの心理』明治図書　1983
③長谷部比呂美・日比曉美・山岸道子『保育の心理を学ぶ』ななみ書房　2011
④小泉英明『脳は出会いで育つ－「脳科学と教育」入門』青灯社　2005
⑤池田裕恵・志村正子編著『子どものこころ，子どものからだ』八千代出版　2003
⑥小口忠彦『人間のこころを探る』産能大学出版部　1992
⑦西原克成『赤ちゃんの生命のきまり：知ってかんがえて育てよう』言叢社　2001
⑧藤田紘一郎『バイキンが子どもを強くする』婦人生活社　1999
⑨高野清純『プレイセラピー』日本文化科学社　1988

（日比曉美）（長谷部比呂美）

第2章
家族・家庭の理解

　第1章では乳児期から老年期まで，人間がそれまでの発達を土台として，次の段階の課題を達成していく生涯発達の姿をみた。生涯発達の出発点は乳幼児期である。本章では，子どもが育つ場として重要な意味をもつ家族・家庭について理解することを目的とする。まず，子育てに対する家族・家庭の役割について検討し，それを受け止める家族・家庭の動向を全国的な調査・統計から整理しておきたい。

1 家族・家庭の意義と機能

1 子どもが育つとは

　「子育て」というがそれは大人の一方的な行為ではない。子どもは自ら「育つ」のであり，それが適切に実現されるように援助するのが子育てである。この子どもの育ちと，大人の援助について，ルソーは次のように簡潔に述べている。

> 植物は栽培によってつくられ，人間は教育によってつくられる。……
> この教育は，自然か人間か事物によってあたえられる。わたしたちの能力と器官の内部的発展は自然の教育である。この発展をいかに利用すべきかを教えるのは人間の教育である。わたしたちを刺激する事物についてわたしたち自身の経験が獲得するのは事物の教育である。……
> （ルソー『エミール』岩波文庫上　p.24）

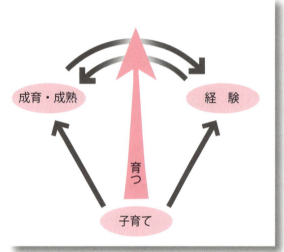

図2−1
子どもが育つ条件

子どもの育ちは図2−1に示したように次の三つの要素がかかわり合いながら実現される。

① 子どもの身体の成育・成熟
② 子ども自身の経験
③ 大人による子育て

第一の成育・成熟は，身体が大きくなり，内臓の機能が強化され，神経組織が成熟していくことである。ルソーのいう「自然の教育」であり，その自然の道筋は人為によって容易く変えられるものではない。しかし，それは子どもが自分だけで成しうるものではない。食べる，眠る，暑さや寒さから護る，清潔を保つ，怪我や病気を防ぎ治療する，これらが大人の手助けによって適切に行なわれてこそ，子どもは自然の道筋にそった成育・成熟を実現することができる。

第二の条件の子ども自身の経験とは，成育・成熟を土台に，子ども自身が心と身体を動かし外界とかかわりあうことであり，それによって子どもの心と身体はさらに育っていく。ルソーのいう「事物の教育」である。乳児が何度も転びながら，平衡感覚が育ち，手足が丈夫になり，歩行を獲得していくこと，友だちと遊び，ぶつかりあいながら，次第に人とのかかわり方を獲得していくこと，等々である。これにも，子どもの経験を保障する環境整備や，見守りや励ましといった大人の手助けが必要である。

第三の大人による子育ては，まず上に述べたように，子どもの自然の成育・成熟を助け，子ども自身の経験を保障し，励ますことである。その方向性と内容にはその時代，その国や地域の思想，文化，科学，技術と，子育ての担い手の意識や願いが反映され，そうした中で育った子どもが，さらに次の世代の子育てを担う。子どもの育ちは自然の道筋にそって，太古から繰り返されてきた普遍性と，その時代の到達点を反映した歴史性を併せ持つ。

2 子どもが育つ場としての「家族」「家庭」

　新しい生命は一組の男女によって形成され，女性の胎内で約10か月はぐくまれた末に，ひとりの人間として世界に産み出される。生まれた子どもは通常，その男女（父母）を中心とする家族によって，家庭という場で護り育てられながら，より広い社会に入っていく。そこで，まず子どもが育つ場としての家族・家庭の意義について考えておきたい。「家族」のあり方は時代により変化し多様であるが，ここではとりあえず"夫婦の配偶関係や親子・きょうだいなどの血縁関係によって結ばれた親族関係を基礎にして成立する小集団"〈広辞苑〉と一般的にとらえておく。

　子どもが育つ場は図2－2にみるように「社会」であり，子どもを育てる責任は社会全体が負うべきものである。家庭だけが子どもが育つ場ではない。しかし，出生当初からの子育ての直接の担い手は父母その他の家族である。ここでは家族について子育ての場・担い手としての役割を述べ，関連して家族への社会的支援の必要について述べておきたい。

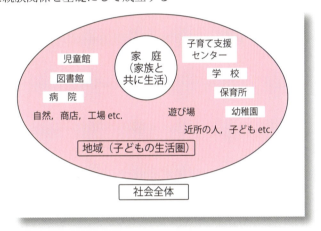

図2－2
子どもが育つ場

❶ 生存と生活の保障

　家族の第一の役割は，子どもに衣食住を提供し，生存と生活を保障することである。したがって，捨て子・孤児など家族を失った子どもに対しては，古くから生存と生活を維持するための社会的救済が行われた。

　今日においても，家族を失ったり，家族の著しい貧困が放置されたりすれば，子どもの生存が脅かされる。児童虐待のうち身体的虐待やネグレクトは家族が子どもの生存と生活を侵害するものである。このような場合は，ただちに子どもと家族への社会的支援が行われなければならない。

❷ 情緒的つながり

　家族との情緒的つながり—安心して甘えられる関係—は，子どもの発達の基地である。情緒的つながりは，多くの場合血縁関係を基礎として形成されるが，それは「必要十分条件」ではない。血縁関係がなくとも，養親と養子，里親と里子の間には，継続的に生活を共にする中で，強い信頼関係，情緒的つながりが形成されうる。逆に，血縁関係があっても例えば児童虐待の場合，情緒的絆の形成に問題が生じる。

　家族と生活できない子どもを家族に代わって保護する，居住施設型の保護

（児童養護施設など）の場合は，衣食住の保障が充分であっても，担当児童が多いことや，交代制勤務といった条件から，職員と子どもの情緒的絆の形成に困難が伴う。このため施設の小規模化や，処遇の工夫など様々な努力が払われている。

❸　社　会　化

　子どもは，現在，あるいは将来属する社会の価値や規範，知識や行動様式を，家族，地域，学校，遊び仲間などの社会的関係の中で学習していく。これを「社会化」といい，子どもの発達に欠かせない側面である。そして，家族は子どもが出合う最初の社会であり，社会化の基礎が形成される重要な場である。子どもは家族との生活の中で，父母などをモデルに，ことば，人との関係，生活行動，ものの考え方などを学習し，家族を通して伝統的な生活文化を伝達される。

❹　経験の場

　家族が一緒に生活する場である家庭で，子どもは多くのときを過ごし，遊び，生活，学習，労働といった経験をしてきた。住宅条件などの家庭の物的環境，家族構成やきょうだいの数などの人的環境，大人の労働の状況などは，子どもが家庭で経験することの内容に大きな影響を及ぼす。

　今日，きょうだいが減ったことや住宅の狭小化などにより，家庭内に子どもの遊び仲間，遊び場を得ることが難しくなってきた。大人の労働とのかかわりは，子どもにさまざまな刺激を与えるものであるが，サラリーマン家庭の増加や家事の簡便化により，子どもが家業や家事を手伝うことも少なくなった。このように，子どもにとって家庭生活における経験が貧弱となってきたため，これに代わる社会資源を用意することは，今日における社会的子育て支援の重要な課題である。

❺　社会資源の利用

　子育ては家族だけでできるものではない。子どもが育つためには，学校，病院，保育所，幼稚園，児童館，学童保育，地域の遊び場，図書館等々の社会資源を，適切に利用することが必要である。子ども自身がそれを自分の意思と力で利用できるわけではない。多くの場合，保護者による手続き，料金の支払い，付き添い，あるいは家族がその利用を子どもにすすめるなどが必要である。子どものための社会資源を利用することは家族の任務の放棄ではなく，現代の家族の大切な役割である。しかし，経済的困難や，情報の貧困などにより，家族が適切に社会資源を利用出来ない場合は，経済的援助や情報の提供など社会的支援が必要である。

第2章　家族・家庭の理解

25

2　親子関係・家族関係の多様性

1　多様性を認める

　さて，子育てにおいて家族に期待される役割について一般的に述べたが，家族の状況は多様であり，子育てのありかたも多様である。子どもは様々な家族の中で育てられている。それぞれの人にとって「家族」がもつイメージは様々であり，また実際のありようも様々である。子育てにかかわるのは現実の「家族」であり，それは必ずしも典型的な家族像に合致するものではない。国や民族により，家族・家庭のあり方には違いがあり，日本においても，それは変貌しつつある。次項でとりあげる世帯構造の推移にみられるように家族のかたちに急激な変化がある。

　さらに近年，世界では同性婚の認知が進んでいる。同性同士の結婚を認めた国は2001年のオランダに始まり，ベルギー（2003），スペイン（2005），カナダ（2005）と続き，2019年5月の台湾で26に広がった。（NPO法人EMA日本 http://emajapan.org/promssm/world　2019年6月閲覧）　日本でもいくつかの自治体で同性カップルについて婚姻に準ずる扱いが認められており，2019年2月には同性婚を認めない民法は憲法に反するとする違憲訴訟が始まっている。同年6月には，同性婚を認める民法改正案が立憲民主党他野党議員から提出された。こうした状況から，今後，同性カップルが養親あるいは里親として子育てを担うことも進むであろう。

　どの社会にも通用する家族の定義は難しい。子育て支援としての家族支援は，家族を一定のわくにはめて逸脱を是正するのではなく，現に子どもを育てている現実の家族を尊重し，その子育てを支援する個別性が必要である。子育てを支援する社会は，幼い子どものペースで歩み，様々な家族の多様性を認める優しさをもった社会である。

2　家族の状況

　国の調査から家族の状況を全体としてとらえ，家族の実際を考える手がかりとしたい。

　まず，表2－1から，この30年間の世帯構造の変化をみることができる。以前からの「核家族化」がますます進んだことが三世代世帯の激減に示されている。「核家族」の中身も，その中心であった「夫婦と未婚の子ども」の世帯が減り，夫婦のみの世帯，ひとり親と未婚の子どもの世帯が増加した。

表2-1
世帯数, 世帯構造

年次	世帯総数（千世帯）	世帯構造（世帯総数に対する割合）（%）				
^	^	単独世帯	核家族			三世代世帯	その他
^	^	^	夫婦のみ	夫婦と未婚の子	ひとり親と未婚の子	^	^
1989	39,417	20.0	16.0	39.3	5.0	14.2	5.5
1995	40,770	22.6	18.4	35.3	5.2	12.5	6.1
2001	45,664	24.1	20.6	32.6	5.7	10.6	6.4
2007	48,023	25.0	22.1	31.3	6.3	8.4	6.9
2013	50,112	26.5	23.2	29.7	7.2	6.6	6.7
2017	50,425	27.0	24.0	29.5	7.2	5.8	6.5

注：厚生労働省「国民生活基礎調査」により作成。
同調査は、それまでの厚生労働省の4調査を統合して、1986（昭和61）年より実施されている。3年ごとに大規模調査、中間年は簡易調査。本表は大規模調査年の数値をつかっているが、2016年については地震のため熊本県の数値が除かれているため、2017年の調査データを使用した。

単独世帯は3割近くにもなっている。

図2-3は戦後の出生数・出生率の推移をしめすグラフである。

1947～1949年は出生数が270万人近くとなり、ベビーブームといわれるが出生数はその後減少する。ベビーブーム世代が出産の時期をむかえると出生数が増え、ピークの1973年前後は毎年200万人出生し、この時期を第二次ベビーブームという。その後出生数は減り続け、合計特殊出生率も低下し1975年以降は人口置換水準の2を切った。このように、出生数、出生率ともに低下しており「少子化」がすすんでいる。少子化は家族、労働、住宅条件、その他現代社会の様々な要因がからみあってすすんできたものである。第二次ベビーブーム世代が学校を卒業した1990年代半ばごろから低成長期にはいり、経済的に不利・不安定な状態におかれたこの世代の結婚や出産は引き延ばされ"第三次ベビーブーム"は出現しなかった。

図2-3
出生数及び合計特殊出生率の年次推移

（厚生労働省「人口動態統計」）

少子化により，図2-4にみるように，児童のいる世帯は減り続け，全世帯の四分の一にも充たない状況となった。今日，多くの人が子ども・子育てにかかわりをもたずに生活しているわけであり，近年の子ども・子育て支援への無関心・無理解の傾向の背景と思われる。

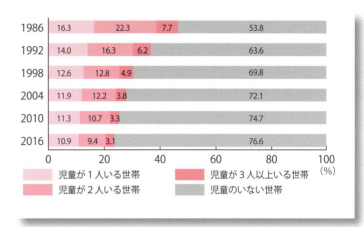

図2-4
児童（18歳未満）のいる世帯の割合の推移

（平成28年「国民生活基礎調査」児童有（児童数）無の年次推移）

3 子育ての経験と親としての育ち

このように，子育てをめぐる家族の状況はかわり，子育てのありかたは変化し，それを巡って世代間の確執もみられる。しかし，そのことに真面目に向き合い次世代を育てる協働関係をつくっていくことが新しい価値の創造につながるかもしれない。子育ては子どもを育てることであるとともに，育てる大人たちを成長させる人間にとって大切な営みである。次章以下で子育てをめぐる問題，個々のニーズにそう家庭支援の内容について詳しくみていきたい。

> ● やってみよう
>
> ❶ 自分が育ってきた中で，どれだけの人とかかわってきたか書き出してみよう。それぞれの人とどんな状況の中で，どのようなかかわりをしたか考えてみよう。
> ❷ 自分の祖父母あるいはその世代の人，および自分の父母あるいはその世代の人にインタビューしてみよう。その人の子ども時代の経験（遊び，生活など），その人が子どもを育てた時の経験（苦労したこと，嬉しかったことなど）をうかがい記録してみよう。

（松本園子）

28

第3章
子育て家庭に関する現状と課題

　わが国では少子化が進み，合計特殊出生率は低下したままである。しかし，若者の結婚や出産に対する希望は，近年，大きくは変化していない。未婚男女の9割以上は結婚の意思を持ち，希望子ども数は二人以上であるという。つまり，子どもを産みたくても産めない社会になっていることが少子化の要因といえる。そこで，本章では，子育てをめぐる人々の希望と現実の乖離（かいり）が生み出されている現状とその背景に注目し，現代の子育て家庭が置かれている社会的状況とその課題について理解したい。

　まず，「①子育てを取り巻く社会的状況」では，都市化や少子化，情報化・消費化，高学歴化の進行，そして近年の社会経済的な格差の拡大などが，子どもの育ちや子育てにどのような影響を及ぼしているかをみる。次に，そうした社会の構造的な変化のなかで，どのような「②子育て意識や働き方など，ライフコースの変化」が起きたのか，現在の「③多様な子育て家庭が抱える課題」は何かをみていく。（さらに本書の第4章では，心理学を専門とする著者（永田）が，「特別なニーズを持つ家庭」に注目し，心理学的な支援のあり方について述べる。）

　これらを通して，子どもや子育て家庭に，今なぜ社会的な支援が強く求められているのか，これまでの支援のあり方にはどのような課題があるのかを理解する。

1 子育てを取り巻く社会的状況

1 都市化の進行

1 家庭や地域の子育て力の低下

かつて農業などの第一次産業従事者が多かった時代のわが国では，三世代，四世代同居の大家族が主流であった。家族みんなが働き，助け合って生活し，その中で子どもを育てていた。地域の住民同士のつながりも強く，子育て経験者が子育ての知識や技術を若い親に伝えたり，他人の子どもも自分の子どもと同じように面倒を見たりしつけをするなど，子育ての営みは，家族や地域の中で支えられていた。地縁・血縁で結びついた人々の支えあいが子育てのネットワークとして機能し，子育てに関わる文化は次世代へと伝えられていった。

やがて，産業構造は変化し，人口が都市に流入し，都市化や家族の小規模化が進んだ。地域の住民同士が助け合って協同で活動する機会は減少し，地域のつながりが弱体化していった。そして，結婚と同時に核家族を形成する人々や，仕事で住居を移転する「転勤族」が増え，祖父母や顔見知りのいない地域で子育てをする若い夫婦が増えた。三歳児神話が広まったこともあって，子どもを在宅で育てる，いわゆる専業主婦が増えていった。

核家族の夫婦は，他人に干渉されることのない気楽なライフスタイルを送るようになったが，子育てにおいては困難に直面することになった。地域で自分と同じような子育て中の仲間や，困ったときに相談できる相手にめぐりあうことが難しくなったのである。

都市型の労働者家族は，「男は仕事，女は家庭」という性別役割分業を受容し，高度経済成長を支えた。男性たちは，家庭を犠牲にして会社に尽くす「企業戦士」となり，妻たちは「専業主婦」となって子どもを自らの手で育てようとした。そうした家庭では，夫は長時間勤務で帰宅が遅いため，妻たちは夫に協力を求めることもできず，24時間子どもと向き合い，孤立して子育てをすることになった。産業構造の変化や都市化の進行は，家庭や地域の子育て力を低下させ，そのことが，慣れない育児にとまどい孤独や不安に悩む母親たちを増加させることにつながっていった。

2 子どもの遊び場の喪失

都市化によって，子どもを取り巻く環境は変貌した。都市部には人口が集中して過密化し，豊かな自然は道路や工場，住宅の建設などで壊されていっ

都市化：
都市の発展により，都市周辺の農村部も，農地の宅地化や工場・商業施設の進出など都市としての性格を持つようになった。都市化は，高度経済成長期に急激に進んだ。

三歳児神話：
「子どもは3歳までは，常時家庭において母親の手で育てないと，子どものその後の成長に悪影響を及ぼす」という考え方。欧米の母子研究などの影響を受け，子育てにおいて「母性」の果たす役割が過度に強調された。

た。空き地や野原など，近所の子どもの遊び場・たまり場となっていた空間は，消えていった。道路には車が行き交い，高層ビルが立ち並んだ。子どもたちが身近な自然とふれあい，自由にのびのびと遊べる場所は，都市部から消えていった。

一方，農村部では過疎化が進み，子どもの数が減り，遊びの空間はあっても遊び仲間がいないという現象が起きた。きょうだいも減り，かつて地域のあちこちで見られたような自然発生的に群れて遊ぶ子どもたちの姿は，ほとんど目にすることがなくなった。

写3-1　下町の路地（墨田区・京島）　都市化により子どもたちの遊び場は少なくなった。残った路地にも走り回る子どもの姿は見られない。

このように，近年では，保育所や幼稚園，学校以外の場所で子どもが他の子どもに出会える機会は，都市部でも農村部でも少なくなった。子どもたちは，家庭の外で遊ばなくなった。遊びたくても，遊び仲間や空間がないために遊べなくなったのである。

また，地域のつながりが弱まると，子どもに対する地域の寛容度も低くなっていく。近年では，「子どもの声がうるさい」と保育所や公園の近隣住民が提訴するなど，トラブルになることが増えている。子どもの遊び場は，公共施設などの防音設備の整った屋内のみへと限定されていく。しかしながら，騒音を排除して快適さを維持したがる大人たちも，かつて幼少期には大泣きや癇癪を繰り返して大人を困らせたことがあったはずである。人々が障子やふすまで仕切られた木造家屋に住んでいた時代は，子どもの遊び声や泣き声は外に筒抜けで，今より騒がしかったのではないだろうか。

子どもは，大勢の人とのふれあいのなかで成長していく。子どもは，仲間との遊びを通して人間関係の基礎を学び，生きる力を身につけていく。泣いたり騒いだり，周りに迷惑をかけながら成長していくものである。子どもの遊び場の喪失が，子どもの育ちに及ぼす影響が心配される。

2　少子化の進行

1　子どもの社会性や対人能力の育ちへの影響

かつて子どもたちは，大家族のなかで育った。祖父母やきょうだいなど大勢のなかで生活し，ルールや規律を守ることの大切さを家庭のなかで体験的に学び取り，社会性を身につけていった。

家庭と生産の場が一緒であるため，子どもは働く親の姿を見ながら大きくなった。子どもにも家族の一員としての役割が与えられ，責任や義務を果たすことの大切さを体得した。きょうだいの数が多いと，きょうだいとの関係を通して子ども同士の世界ができ，そのなかで人間関係の基礎を学んだ。

やがて，家族が小規模化し，きょうだいの数が減少していくと，他の者のために我慢したり，順番を待ったり，幼い者の面倒を見たりする必要はなくなった。地域に住む子どもの数も減り，子ども同士が外で遊んだり，けんかをしたり，切磋琢磨しあう機会は減少した。祖父母など，自分の親以外の世代の人と生活することで，多様な人間関係を知ったり情緒を育んだりする経験を得られたが，そうした機会も失われていった。

幼児期に人間関係が貧弱であると，社会性や人と関わる力が子どもたちの中に育ちにくい。成長して社会性や情緒性が未熟なままであったり，人間関係を取り結ぶのが苦手な大人になったりすることが懸念される。少子化が進む今日では，子どもが集団生活を経験できる場として，保育所や幼稚園，学校が，かつてないほどに重要な役割を果たすようになっている。子どもと地域の人々との交流の場としても，こうした場の活用が期待されている。

❷ 親や親子関係への影響

少子社会となり，少ない子どもを大切に育てようという意識が高まっている。子どもは，大切に愛情を込めて育てられなくてはならない。しかし，現代の少子化は，親子関係を密にさせ，親の過保護・過干渉を招きやすいという負の側面ももたらす。親の目が届くために，子ども自身が試行錯誤し，自分で考えて行動しようとする前に，大人が介入してしまい，子どもの意欲や自立の機会を奪ってしまうことがある。

特に，教育熱の高まりや高学歴志向などから，親は，大人の管理する場所でスケジュールや課題をこなすことを子どもに求めるようになっている。幼児期から塾や習い事に通い続ける子どもも，少なくない。そうした場所では，子どもが自分の意志で遊びや活動を選び，自由に気の済むまで挑戦することは許されない。共に過ごす相手も同学年や年齢の近い仲間に限定され，異年齢の子どもと自発的に群れて遊ぶ機会は乏しくなっている。少子化の状況は，親の意識や態度にも影響を及ぼしている。

❸ 子どもの「親性・養護性」の育ちへの影響

親性・養護性：
「親性」は青年期における心理的「親」の準備状態という意味で「親準備性」とも呼ばれる。また，「親」に限定せず，幼い者や弱い者をいたわり理解する力はすべての大人に不可欠な資質であるとして，「養護性」という用語が使われる（柏木1993）。

地域や家庭に子どもが多かった時代には，自分より幼い子どもとふれあったり親戚や近所の人の子育てを見たりする機会が多く，乳幼児とかかわる際の知恵や技術を自然に学び取っていった。日常生活を送るなかで，知らず知らずのうちに，幼い者を慈しむ態度や弱い存在を理解し共感する力，「親性・養護性」が育まれていった。しかし，少子化が進み，身近に赤ん坊の誕生に接したり，その子らが育つ姿を目にしたりすることはほとんどなくなってしまった。乳幼児に関する知識や親になる心構えを持たないままに成長すると，いざ親になった時，すべてが未経験なため，子育てにとまどうことになる。

身近に役割モデル（手本）となる人や出産・子育てを支えてくれる人がいないと，そのとまどいはさらに大きくなる。

少子化が進んだ社会では，子どもたちの「親性・養護性」を育むことが困難になる。それは，次世代の親たちの育児不安や負担感につながるという形で，次世代の子育てにも影響を及ぼす。こうした悪循環に陥らないよう，今日では，「乳幼児とのふれあい体験事業」が全国の地方自治体で展開されている。乳幼児に関する学習の場やふれあいの場を学校や地域のなかに設け，小・中・高生の「親性・養護性」を意図的に育んでいこうという試みである。乳幼児と十分にふれあうことによって，幼い子どもと関わる力や態度が育まれることが，期待されている。

3 情報化・消費化の進行

❶ 情報化・消費化社会の子ども

他の先進工業国と同様に，わが国においても情報化・消費化が加速して進んでおり，子どもの生活に変化をもたらしている。都市化や少子化の影響で戸外の遊び場や遊び仲間が減少したことも加わって，テレビやビデオ，テレビゲームなどのメディアは，子どもたちの生活に深く入り込んだ。近年ではインターネットの発達により，情報化・消費化は一層進展し，青少年がインターネットに接触する機会は年々増大している。

表3－1は，青少年（10－17歳）5,000人を対象にインターネット利用率を調べた内閣府の調査結果である。10－17歳の子どもの8割がインターネットを利用しており，接続する利用機器は多様化している。最も多いのは「スマートフォン」（53.3％），次いで「携帯ゲーム機」（43.0％），「据置型ゲーム機」（23.4％），「ノートパソコン」（21.9％），「携帯音楽プレイヤー」（21.5％），「タブレット」（19.0％），「デスクトップパソコン」（10.6％），「学習用タブレット」（4.3％）の順に続く。「いずれの機器も利用していない」子どもは8.5％である。

大人だけでなく子どもたちの間にも急速に普及している，スマートフォンを見てみよう。高校生の93.6％，中学生の45.8％，小学生（4-6年生）の

表3－1
青少年（10－17歳）の
インターネット接続機器
の利用率

（内閣府「2016年版 子供・若者白書」）

	（人）	スマートフォン	ノートパソコン	デスクトップパソコン	タブレット	学習用タブレット	携帯ゲーム機	据置型ゲーム機	携帯音楽プレイヤー	利用していない
総 数	3,442	53.3	21.9	10.6	19	4.3	43	23.4	21.5	8.5
小 学 4－6年	1,060	23.7	16	8.7	21.3	7	56.2	27.5	7.9	13.8
中学生	1,349	45.8	21.1	10.3	21.5	4.2	42.3	23.5	23.6	10.1
高校生	1,018	93.6	29.3	13.3	13.4	1.8	30.4	19	32.6	0.9

資料：内閣府「2015年度 青少年のインターネット利用環境実態調査」（2016）　　　　（％）

23.7％がスマートフォンを利用している。高校生では9割以上が利用しており、小・中学生では年々利用率が上昇している。スマートフォン以外のインターネット接続機器の利用率をみると、「携帯ゲーム機」が多い。小・中学生の約半数が携帯ゲーム機を利用する。その他、「据置型ゲーム機」や「タブレット」「ノートパソコン」の利用率も高い。子どもの9割がいずれかの機器でインターネットを利用しており、その利用機器は多様化していることがわかった。

では、子どもたちは平日、どれくらいの時間インターネットを利用しているのだろうか。表3－2は、先の調査対象者の「インターネットに接続する機器の平日の平均利用時間」である。「平日2時間以上」インターネットを使っているのは小学生27.2％、中学生46.1％、高校生70.3％であり、年齢が上がるにつれて長くなっている。「平日5時間以上」利用している高校生は19.8％おり、長時間使う子どもも少なくない。図表には示していないが「平日2時間以上」使っている者の割合を接続機器別に見ると、小・中・高生のいずれも「スマートフォン」を多く使用している。

表3－2
青少年（10-17歳）がインターネットに接続する機器の平日の平均利用時間

（内閣府「2016年版 子供・若者白書」）

	（人）	使っていない	30分未満	30〜1時間	1〜2時間	2〜3時間	3〜4時間	4〜5時間	計5時間以上	計2時間以上
総　数	2743	2.8	6.2	11.8	26	18.4	13.2	7.5	11.4	50.5
小　学4－6年	650	5.8	13.7	19.7	28.8	13.2	7.2	4	2.8	27.2
中学生	1083	3	5.8	12.7	30.2	18.6	12.7	6.2	8.7	46.1
高校生	995	0.8	1.8	5.9	19.8	21.8	17.4	11.3	19.8	70.3

資料：内閣府「2015年度 青少年のインターネット利用環境実態調査」（2016）　　　　　　　　（％）

近年、子どもたちがインターネットを長時間利用するようになったのは、オンラインゲーム内に集まる複数の仲間と一緒に楽しめたり、ゲーム上で得た達成感がさらに高まる仕組みがあったり、ウェブ上で不特定多数の人と24時間中いつでもメッセージ交換が可能になったりなど、長時間使い続けたくなるような仕掛けがなされているからであろう。昼夜逆転して学業に支障が起きたり、友だちと顔を合わせて付き合うよりもネット上の付き合いを優先したりする「ネット依存」も問題となっている。

情報化・消費化が進んだ今日では、多種多様な通信機器を利用して遊ぶ子どもが増え、小学生や幼児までもが一人前の消費者として扱われるようになった。親だけでなく、幼い子どもも消費のターゲットになり、子どもの購買欲を過度に煽る商業主義も横行している。また、様々なサイトにアクセスする機会が増えると、有害な情報にも繋がりやすく、高額な料金を請求されるなどのトラブルも起きやすい。子ども達は、悪意のある大人からの接触や有害な情報を見分け、対応できる力を身に着けなくてはならなくなっている。

過度のメディア接触が日常化し、他の遊びや生活体験、コミュニケーショ

第3章　子育て家庭に関する現状と課題　　　35

ンの時間が不足すると，子どもの心身への影響が懸念される。一方的に情報を流し続けるメディアとの接触は，子どもが自分から外に働きかけたり，五感を使って遊んだり，新しいことに挑戦する意欲を奪うこともある。メディアの進歩や普及は，子どもの外遊びや経験の幅を狭め，それがさらに子どもをメディアに依存させていく作用をもつように思われる。仲間同士で直接ふれあい，互いに切磋琢磨しあう体験は，学校の外では持てなくなっている。

❷　情報化・消費化社会の子育て

　子育てをする親にとって，情報化から得る恩恵は大きい。インターネットのおかげで，親は多様な情報を家庭の中に居ながら瞬時に手に入れることが可能になった。自治体やその他の子育て機関などの子育て分野のサイトは充実し，各機関にバラバラにあった情報が一元化されたり，定期的に希望者に情報が配信されたりなど，効率的に情報を受け取れるようになった。

　また，インターネットを利用することで，親は地域のネットワーク作りや既存のネットワークに容易に参加できるようになった。子育て仲間を求めて母親が公園を転々とさまよう「公園デビュー」も雑誌で話題になったことがあるが，ネット上であらかじめ地域の情報を入手し，さまざまなネットワークやイベントを選んで参加できるなど選択肢も増えている。これまでは公園や児童館が母親たちの主な情報交換の場であったが，今日ではネット上でも活発に交流が行われており，悩みや相談ができる各種の相談サイトも充実し，コミュニケーション手段としても重宝されている。

　一方で，大人が忙しい時間帯や公共の場で子どもを静かにさせたい時にスマートフォンやタブレット端末を使う「子守り機能」としての利用も増え，賛否両論を引き起こした。核家族化が進み，父親は長時間労働で不在であると，母親は一人で子育てや家事を担い，子どもを連れた外出も必要になる。都市化や少子化，人々の個人化が進むなかでは，大声で泣き騒ぐ子どもとその親に対する社会の目は厳しい。子どもに落ち着いていて欲しい時，スマートフォンやタブレット端末の動画やゲームは瞬時に子守り道具になる。その結果，子どものメディア接触は低年齢化が顕著となっていく。

　乳児期の発達や発育には，周囲の環境との相互作用，特に親との相互作用を通じた愛着形成が重要であるが，メディアは応答性や双方向性を持たない。長時間メディアを視聴することは人とのふれあいを減らし，子どもの情緒や共感性の発達を阻害する可能性がある。過度な接触は弊害が大きいものの，社会の子育てに対する不寛容さや，ゆとりを持てない子育て環境が，親のメディア利用を促進させている面があることも否めない。

　人々の通信メディアへの依存は高まる一方であるが，育児に関する不安や悩みを解決するために情報を入手しようとし，氾濫する情報に戸惑い，不安

公園デビュー：
仲間を求めて親子であちこち公園を渡り歩いたり，運よく仲間に巡り合えても仲間はずれにされないよう気を使い，付き合いに疲れてしまったりなど，母親同士の緊張やストレスが雑誌等で話題になった。異質なものや個性の強い人を排除し，狭い人間関係だけで連帯感を持ちたいという思惑やメカニズムが働くため人間関係は狭くなりやすい。子どもを仲立ちとした親同士の関係は，母親が選び取って築いた関係ではないため，時にストレスを生む。

や悩みが強まることもある。企業は，子育てや家事の効率化や教育的効果があるとの触れ込みで子育てグッズやサービスを次から次へと開発しており，商業主義に巻き込まれやすい。インターネットを通じて，いつでもどこからでも情報の利用ができるようになったのは有益である一方，**情報弱者**を地域のネットワークや必要な情報から排除してしまう懸念もある。商業主義に翻弄されず，人と人との生のコミュニケーションも大切にしながら，メディアからの情報を適切に選び取り，効果的に活用していくことが親に求められている。

また，インターネットに繋がる各種端末が低年齢の子どもにも浸透したため，大人が想定しなかったような性犯罪等に結びつく事件が発生している。子どもが簡単に犯罪の温床へとアクセスできる環境を作っているのは，我々大人たちである。情報化や消費化の進展をただ受容するのではなく，批判的，内省的な視点を持って，子どもの健全な環境づくりに努力することが必要となろう。

❹ 高 学 歴 化

近年，科学技術の高度化や情報化は世界規模で促進されている。それに対応すべく，人々の高学歴化も進んでいる。また，高学歴化する社会で育った現代の親たちは，子どもにも高学歴を身につけることを期待し，少ない子どもを大切に，「より良く」育てようと，教育に物心両面のエネルギーを注ぐようになっている。低年齢のうちから進学の準備をするケースも，今ではめずらしくない。

かつてきょうだいがたくさんいた時代には，それぞれの子どもは親に過度に期待されることなく，個性を伸ばすことが許された。親たちは日々の生活に精一杯で，子どもの教育に必要以上に力を入れる余裕がなかったともいえる。子どもたちは，家業の手伝いや生活体験，その合間の仲間遊びを通じて，生きる知恵や技術，たくましさを身につけていった。しかし，現代では，親の目はたった一人か二人の子どもに注がれ，一人ひとりの子どもへの親の期待は膨らむ一方である。子どものしつけだけでなく，「教育」も親の重要な役割となり，「**教育する家族**」と表現されるほどになった。

内閣府の 2009 年度の「親の子どもの進路に対する希望」に関する調査によると，「高校は出てほしい」が 56.9％，「大学は出てほしい」が 38.3％ である。これらを合わせると現代の親のほとんどは，最低限「高卒の学歴」は身につけさせたいと思っている。

実際の大学進学率も戦後一貫して上昇している。文部科学省の学校基本調査によると，2017 年度の大学進学率は，男子 55.9％，女子は 57.7％（短期

情報弱者：
様々な理由からパソコンやインターネットなどの情報・通信技術の利用に困難を抱える人。低所得者や高齢者，視聴覚障害者などは困難を抱えやすい。情報技術を活用できる層と情報弱者の間に社会的・経済的格差が生じやすいことから弱者と呼ばれる。

教育する家族：
広田（1999）は，高度経済成長期以降「共同体が子供の社会化を行う機能を失うことにより，子供の社会化に関する最終責任を家庭という単位が一身に引き受けざるを得なくなって」いき，「教育する家族」が誕生したと述べる。

大学含む）であり，高校卒業者の過半数が大学に進学する時代となっている。

親が子どもに高学歴を期待し，社会全体も高学歴化していることで，「教育する家族」は，膨れ上がる一方の教育費を負担し続けなければならなくなっている。わが国は，国による子どもの教育費の負担が他の先進国に比べて少ないため，もしも親が経済的に困窮すると，子どもの育ちは大きな影響を受けることになる。そこで，貧困化の問題を次にみていくことにする。

5 雇用の不安定化

1 非正規雇用の増加

女性は，出産・育児などでいったん離職すると，「常勤」で再就職することはむずかしく，そのため，子どもの手が離れた頃に，低賃金で不安定な非正規雇用として働くことが多い。そのため，女性の非正規雇用の割合は，男性よりも遥かに高い。しかし，近年では，男性においても，非正規雇用の割合が増加している。

図3－1は，男女別・年齢階級別非正規雇用の割合の推移である。女性でも男性でも，1990年代後半頃から非正規雇用比率が増加しており，雇用の不安定化は一層進んでいることがわかる。特に，「15－24歳」の若い世代で非正規雇用者が増加している。非正規雇用につきながらキャリアを積むことは困難であるため，その後も非正規雇用を継続する場合が少なくない。毎日必死に働いているにもかかわらず，生活保護以下の賃金しか得られない「ワーキング・プア」と呼ばれる層は増加している。不安定な雇用は若者の自立を阻み，将来に対する希望や生きる意欲をも失わせてしまう。若者の雇用の問題は，解決が急がれる，国政の重要な課題である。

図3－1
男女別・年齢階級別非正規雇用比率の推移

（内閣府「男女共同参画白書（2010　2014）」）

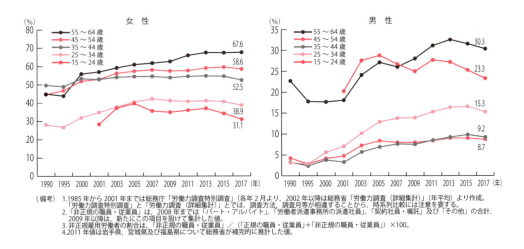

❷ 非正規雇用と結婚

次に,「非正規雇用であること」と「結婚」とに関連があるのかを見ていこう。図3－2は,20代・30代の男性が結婚している割合を,雇用形態別にみたものである。30代の非正規雇用の男性は,「正規雇用」の男性の半分以下しか結婚していない。男性の場合は,正規雇用であると結婚率は上昇し,非正規雇用であると未婚率は高まることがわかる。

図3－2
雇用形態別配偶者のいる割合（男性）

（資料：総務省「2012年就業構造基本調査」）
（出典：厚生労働省「2015年版 厚生労働白書」）

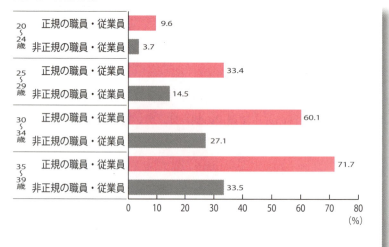

非正規雇用の場合は,正規雇用と比べ,① 雇用が不安定,② 賃金が低い,③ 能力開発機会が乏しい,といった課題があると指摘される。非正規雇用であると,経済的な不安定さが将来に続く可能性もある。国税庁の統計によれば,非正規雇用者の90％以上が年収300万以下である。性別役割分業意識の根強いわが国では,「男性が稼ぐべきだ」とする稼ぎ手としての役割を男性に強く期待するため,男性の雇用の不安定さは結婚を阻害するものとなる。

子どもを育てるには,家庭の経済的基盤が安定していることが前提となる。安定した雇用が確保できないと,家族を持つことも子どもを持つこともままならない。男性にしても女性にしても,いったん職を失えば家族は困窮する。雇用の安定性とキャリアの継続性は,家庭生活の基盤として重要である。

❸ ひとり親世帯の増加

近年,「離婚」が増加し,ひとり親世帯も増えている。図3－3の厚生労働省の統計によると,「離婚件数」は1970年には9万6千件であったが,1980年代と1990年代に上昇し,2015年には22万6千件となった。「子どものいる離婚件数」は,1980年代前半まで上昇していたが徐々に減少し,1990年代に入り再び上昇し,

図3－3
親権を行う子の有無別にみた離婚件数と親が離婚した子ども数の年次推移

（厚生労働省「2015年 人口動態統計」）

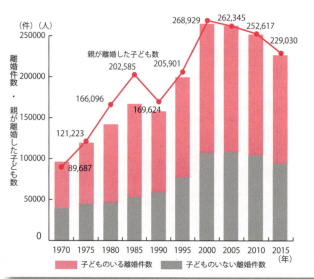

第 3 章　子育て家庭に関する現状と課題　　39

2015 年時点では 13 万 2 千件となった（2000 年以降に離婚件数が減少したのは婚姻数の減少が影響する）。全離婚件数の約 6 割は，20 歳未満の子どものいる夫婦である。

　内閣府「国民生活選好度調査（2005）」では「離婚に対する考え」を尋ねているが，「問題のある結婚生活なら早く解消した方が良い」「自分の生き方を大切にするようになった反映である」など，離婚に対する肯定的な考え方の割合が男女合わせて半数近くにのぼる。離婚に対する人々の抵抗感は薄れており，それが離婚の実態に現れている。

　離婚の増加とともに再婚も増え，ステップファミリー（子どもを抱えて再婚する再婚家庭）も増えている。子連れで再婚する割合を示すデータは見当たらないが，全婚姻数に対する再婚件数の割合は 2010 年時点で 25％を占める。4 組に 1 組は再婚カップルで，ステップファミリーも少なくないと推測できる。ステップファミリーの構成は，夫婦の片方か両方に離婚歴がある，あるいは，夫婦の片方か両方に子どもがいるなど，多様なケースがある。

　近年ではひとり親世帯が増えてきているが，ひとり親世帯は，経済的困難を抱えやすいことが問題になっている。表 3 − 3 は，母子世帯と父子世帯，児童のいる全世帯の平均年収を比較したものである。母子世帯の平均年間収入（平均世帯人員 3.31 人）は 348 万円，父子世帯の平均年間収入（平均世帯人員 3.7 人）は 573 万円であり，母子世帯の年収は，父子世帯の 6 割程度である。女性は非正規雇用に就いていることが多いため，母親の就労率は 8 割と高いにもかかわらず，その 6 割が年収 200 万円未満であるという。

表 3 − 3
母子世帯，父子世帯の平均世帯年収（2016 年度）

（厚生労働省「2016 年度全国母子ひとり親世帯等調査結果報告」）

	母子世帯の年間収入	父子世帯の年間収入	児童のいる全世帯の年間収入
平均世帯人数	3.31 人	3.70 人	—
平均世帯年収	348 万円	573 万円	707.8 万円

注：「平均世帯年収」とは同居親族の収入を含めた世帯全員の収入である。生活保護法に基づく給付，児童扶養手当等の社会保障給付金，就労収入，別れた配偶者からの養育費，親からの仕送り，家賃・地代などを加えた全ての収入の額である。「児童のいる全世帯の年間収入」は国民生活基礎調査（2016 年調査）の平均所得の数値である。

　一方，父子世帯は，経済的には問題がないようにみられるが，母子家庭に比べれば年収が高いものの，児童のいる全世帯の年間収入よりは低く，経済的なゆとりはない。男性であっても，育児との両立の困難さから非正規雇用につくことが多く，3 〜 4 人に 1 人の父親が非正規雇用である。離婚前は正社員であっても，子育てと両立させるために，途中から非正規雇用に切り替えるケースが多い。

　男女にかかわらず，長時間労働を続けようとすれば保育費がかさみ，残業のない派遣やパートに切り替えようとすれば，収入が激減する。母子世帯や父子世帯は，子育てを一人で担いながら経済的な困難に陥るという二重のリスクを抱える。雇用の不安定化に陥りやすいひとり親世帯には，就労状況や保育ニーズの大きさなどを考慮したきめ細かい手厚い支援が求められる。

図3-4
子どもの相対的貧困率

（資料：厚生労働省「国民生活基礎調査」）
（出典：内閣府「2015年版子供・若者白書」）

4 子どもの貧困化と貧困対策

　OECD（経済協力開発機構）は，2006年の「対日経済審査報告書」で，日本の子どもの貧困率上昇を指摘した。その原因の一つに，先にみたようなひとり親家庭の貧困化をあげている。

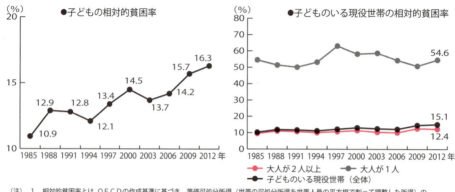

（注）1　相対的貧困率とは，OECDの作成基準に基づき，等価可処分所得（世帯の可処分所得を世帯人員の平方根で割って調整した所得）の中央値の半分に満たない世帯員の割合を算出したものを用いて算出。
　　　2　大人とは18歳以上の者，子どもとは17歳以下の者，現役世帯とは世帯主が18歳以上65歳未満の世帯をいう。

図3-5
小学生・中学生に対する就学援助の状況

（資料：文部科学省「要保護児童及び準要保護児童生徒数について」）
（出典：内閣府「2018年版子供・若者白書」）

　図3-4は，厚生労働省「国民生活基礎調査」の1985～2012年の子どもの相対的貧困率の推移を見たものである。図3-4の左側の図をみると，子どもの相対的貧困率は年々上昇しており，特に1990年代半ば頃から上昇し，2012年には16.3％となっている。図3-4の右側の図は，「子どもがいる現役世帯（世帯主が18～64歳）全体」と「ふたり親世帯」「ひとり親世帯」の貧困率を比較したものである。「子どものいる現役世帯」の貧困率が15.1％であるのに対し，ひとり親世帯は，その3倍以上の54.6％と著しく高い貧困率を示す。ひとり親世帯の半数は，貧困状態にあるといえる。また，図3-5にみるように，就学援助を受けている小・中学生の割合も近年急増している。

　本来，親の経済状況や家庭環境がどのようであっても，子どもの福祉は守られなければならない。しかし，雇用が流動化し，国による子育て費用負担が極端に少ないわが国では，親の貧困化が子どもの貧困化につながりやすい。そこで，近年では，子どもの貧困対策に力が入れられるようになった。これまで，父子家庭は，

母子家庭より経済的に豊かであるとみなされ，児童扶養手当など国の経済的支援の対象にはなっていなかった。しかし，先に見たように，母子家庭も父子家庭も生活困難を抱えやすいことが近年認識され，父子家庭への支援が拡充された。2012年に「母子家庭の母及び父子家庭の父の就業の支援に関する特別措置法」が成立し，就業支援が進められるようになった。また，「母子及び寡婦福祉法」が「母子及び父子並びに寡婦福祉法」へと2014年に改正された。

　母子家庭が対象であった遺族基礎年金の支給も，2014年から父子家庭に拡大された。さらに，2013年には「子どもの貧困対策の推進に関する法律」が成立し，貧困の子どもの教育や生活の支援，保護者の就労支援など，幅広い支援を総合的に推進する為の法律が整備された。

　家庭の経済基盤の脆弱さは，子どもの学業達成や進学などに影響を及ぼす。世帯の貧困は子どもの健康や教育の格差につながり，やがて社会的格差として次の世代に受け継がれる。世代間連鎖を断ち切るためには，予防的支援も含めた総合的な「子どもの貧困対策」が必要である。親の経済状況や家庭環境にかかわりなく子どもが健やかに育つことをめざし，「子どもの貧困対策」は国をあげて取り組まれようとしている。

2　ライフコースと仕事・子育て

① 「母親のみによる育児」の広がりと見直し

　「三歳児神話」とは，先にも示したように，「子どもが3歳になるまでは，母親が常に子どものそばにいて育児に専念すべきだ」という考え方である。戦後，ホスピタリズムや愛着理論など，欧米の研究の知見がわが国に紹介され，また，わが国でも子どもの乳幼児期の母親の役割は重要であることがすでに指摘されていたことから，「子どもが幼いうちは母親が家庭で育児に専念すべきだ」という解釈となって普及した。

　そもそも，この「三歳児神話」にかかわる言説は，わが国の経済動向にあわせて強くなったり弱くなったりしてきたと指摘される（内田2010）。1970年代以降に小児科医たちが「母性」や「母親による育児の必要性」を唱え，「三歳児神話」が話題になったものの，女性の労働力が不可欠になった。1980年代後半には，「三歳児神話」も一時下火となったという。

　わが国の政府がこの言説を政策に利用したことも指摘されている。大量の労働力が必要になった高度経済成長期には，女性も学校を卒業すると雇用さ

> **ホスピタリズム：**
> 1945年スピッツが提唱した概念で，乳児院や孤児院，病院などに長期間収容された場合に生じやすい乳幼児の著しい心身の発達遅滞を示すもの。特定の大人とのあいだの愛着形成が遮断された結果生じたと考えられた。さらに，ボウルビィは施設収容がなくてもホスピタリズムは生じることを確認し，maternal deprivation（母性の剥奪）という考え方を提唱した。

れて働くことが一般的になった。しかし，就業を継続する女性が増えると，国は乳児保育の推進や保育所の増設など「子育ての社会化」を促進しなければならない。消極的な社会福祉制度を維持するため，「男は仕事，女は家庭」という性別役割分業を前提とした労働政策が取られ，「三歳児神話」言説が意図的に流布されたとみられる。女性たちには外で働く夫を支え，家庭を守る「主婦」の役割が期待され，子育てが一段落した頃に再び，安い賃金で単純労働をこなすパートタイマーとして働くことが期待された。こうしたなか，「三歳児神話」は人々のあいだに浸透し，「子育ての責任はすべて母親にある」という考えに結びつき，規範として作用していった。

　一方で，働く母親たちは，冷たい視線や批判を浴びつつも，「三歳児神話が神話にすぎない」ことを客観的な事実として証明していった。やがて，「母親の重要性を過度に強調して，母親だけに子育てを押しつけてはならない」といった指摘も高まるようになり，神話は事実によって否定されていった。そして，「厚生白書」（1998年）にも「三歳児神話には，少なくとも合理的な根拠は認められない」ことが記述された。

　「乳幼児期の大切さ」は否定されるものではない。大切な時期であるからこそ，母親だけでなく父親や保育者など身近な大人すべてが重要な役割を持っていること，そして，国や地域社会には，子育て家庭が十分に力を発揮できるようサポートする役割や責任があることが強調されたのである。

2　共働き世帯の増加

高度経済成長期には，「子どもができたら職業をやめ，大きくなったら再び職業をもつ方がよい」との考えから専業主婦が増えたが，近年では「子どもをもってもずっと職業を続ける方がよい」と考える女性が増えている。図3-6は「女性の就労に関する意識の変化」である。1992年には「子どもができたら職業をやめ，大きくなったら再び職業をもつ方がよい」との考えが45.4％と多数派であった。しかし，「子どもができても，ずっと職業を継続する方がよい」割合は年々増え続け，1992年に26.3％であったのが2003年以降に逆転現象が起き，2016年には

図3-6
女性の就労に関する意識の変化（女性の回答）

（出典：内閣府「2018年版男女共同参画白書」）

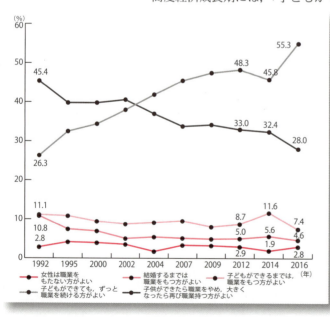

第3章 子育て家庭に関する現状と課題

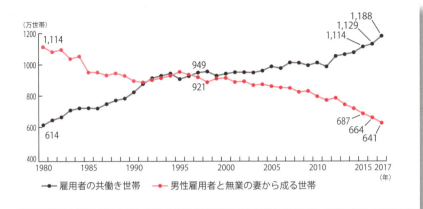

図3－7
共働き等世帯数の推移

（出典：内閣府「2018年版 男女共同参画社会白書」）

55.3％と多数派となった。一方,「子どもができたら職業をやめ,大きくなったら再び職業をもつ方がよい」は年々減り続け,1992年に45.4％であったのが2016年には28％となった。女性が育児をしながら働くことに対して,大きな意識の変化が見られる。

意識だけでなく,実際に子どもをもって働く女性は増えている。図3－7は,「共働き等世帯数の推移」である。1980年以降,共働き世帯（夫婦とも雇用者）は年々増加し,1997年には共働き世帯数が片働き（男性雇用者と専業主婦）世帯数を上回り,逆転現象が起きていることがわかる。2017年には共働き世帯が1,188万世帯,片働き世帯が641万世帯となり,共働き世帯は片働き世帯の2倍となった。

子どもの年齢別に,働く母親の就労率を見てみよう。図3－8は「末子の年齢階級別に見た,仕事を持つ母親の割合」である。児童（18歳未満）のいる全世帯のうち,「母親が働いている」のは約7割（70.8％）である。0歳の子どもがいる母親では,全体の4割強（42.4％）が働いており,子どもの年齢が上がるほど有職女性の割合は増加する。子どもが15－17歳の中高生になると,母親の8割（80.4％）が働いている。以上のように,高度経済成長期に主流であった片働き世帯は近年急速に減少し,現在は共働きが主流のライフスタイルとなっている。

図3－8
末子の年齢階級別にみた,母の仕事の状況

（出典：厚生労働省「2017年 国民生活基礎調査の概況」）

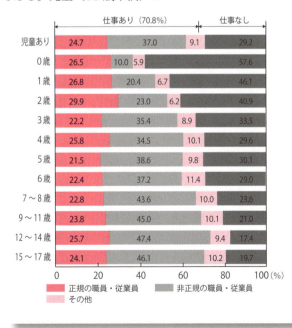

❸ 男女共同参画への国際的潮流

戦前のわが国は，個人より「家」を重んじる「家制度」をとっていたが，戦後，日本国憲法で「家族生活における個人の尊厳と両性の平等」（第24条）が定められ，法律上は男女平等が実現した。一方，国際社会では，国連による国連憲章（1945）の発行，世界人権宣言（1948）の採択など，性に基づく差別の禁止が重要な目標の一つとされ，「性別役割分業社会」から，「男女共同参画社会」をめざす流れが示されていった。その後，国連は，1975年を国際婦人年と提唱し，世界行動計画を採択，1979年には**女子差別撤廃条約**を採択した。1981年には，ILO（国際労働機関）が**ILO第156号条約**を制定した。

わが国も，この女子差別撤廃条約を1985年に批准し，性別役割分業の変革を目指すことになった。条約の批准には，国籍法の改正や家庭科の男女共修，**男女雇用機会均等法**の制定が条件となっており，勤労婦人福祉法（1972）の改正法として男女雇用機会均等法が1985年に制定され，家庭科の男女共修は1993年（中学）と1994年（高校）に実現した。さらに，1999年には，**男女共同参画社会基本法**が公布施行された。同法の成立によって，男女共同参画社会の実現が21世紀の最重要課題であると位置づけられ，各分野での男女平等実現のための政策基盤が与えられることになった。そして，**男女共同参画基本計画**（2000）によって，具体的な施策が実施され，男女の区別なく個人として能力を活かすことができる社会づくりが進められた。

この男女共同参画基本計画は，第1次〜第4次へと引き継がれている。さらに「**女性活躍推進法**」が2015年に成立し，数値目標を定めた行動計画の策定や，女性の職業選択の際の情報を公表することが事業主に義務付けられた。

このように，国際的な潮流の影響を受け，近年，男女共同参画社会への転換は図られつつあるが，人々の性別役割分業意識は未だに根強く，男性には「稼ぎ手役割」を，女性には「子育て役割」を期待する傾向がみられる。③−❷−❹「仕事と家庭の両立の困難」でもふれるが，わが国では妊娠・出産を機に退職する女性が多い。女性が育児で就業を中断することは個人のキャリア形成に不利であるが，社会にとっても多大な損失である。しかし，性別役割分業意識や三歳児神話，母性神話は，人々の意識や社会のあらゆる制度の中に深く組み込まれており，根本的な見直しは容易ではない。③では，そうした性別役割分業の状況や，子育てをめぐる課題について，詳しく見ていく。

女子差別撤廃条約：
正式名称は「女子に対するあらゆる形の差別撤廃に関する条約」

ILO第156号条約：
ILOが採択した「家族的責任を有する男女労働者の機会及び待遇の均等に関する条約」で，日本は1995年に批准した。育児や介護などの「家族的責任」と「職場での責任」の両立支援が社会に必要であることを認め，家族的責任をもつ男女労働者が差別されずに家庭と仕事の両立を図り，働く権利を行使できるよう定めたもの。

男女雇用機会均等法：
正式名称は「雇用の分野における男女の均等な機会及び待遇の確保等に関する法律」

男女共同参画社会基本法：
その前文には，「男女共同参画社会の形成についての基本理念を明らかにしてその方向を示し，将来に向かって国，地方公共団体及び国民の男女共同参画社会の形成に関する取組を総合的かつ計画的に推進するため，この法律を制定する」とある。

男女共同参画基本計画：
2020年までに指導的地位に女性が占める割合が少なくとも30％になるよう期待し，各分野の取組を推進することなどが定められた計画。5年ごとに見直しされる。

女性活躍推進法：
正式名称は「女性の職業生活における活躍の推進に関する法律」。10年間の時限立法。

第3章　子育て家庭に関する現状と課題　　45

● **コラム　《人間開発指数（HDI）とジェンダー・ギャップ指数（GGI）》**

　日本は，人間開発指数（HDI）は20位と世界でも上位であるが，女性のエンパワーメントギャップ指数は，101位と先進国のなかでは最低基準である。長寿で教育水準も高い女性の能力が，日本では十分に活かされていないといえる。

表3-4　人間開発指数（HDI）とジェンダー・ギャップ指数（GGI）における日本の順位

（内閣府「男女共同参画白書」（2017）より抜粋）

HDI（人間開発指数）			GGI（ジェンダー・ギャップ指数）		
順位	国　名	HDI値	順位	国　名	GGI値
1	ノルウェー	0.949	1	アイスランド	0.878
2	オーストラリア	0.939	2	ノルウェー	0.830
2	スイス	0.939	3	フィンランド	0.823
4	ドイツ	0.926	4	ルワンダ	0.822
5	デンマーク	0.925	5	スウェーデン	0.816
5	シンガポール	0.925	6	ニカラグア	0.814
7	オランダ	0.924	7	スロベニア	0.805
⋮			8	アイルランド	0.794
16	英国	0.909	9	ニュージーランド	0.791
17	日本	0.903	10	フィリピン	0.790
18	韓国	0.901	⋮		
⋮			114	日　本	0.657
71	トルコ	0.767	118	韓　国	0.650
77	メキシコ	0.762	131	トルコ	0.625

人間開発指数（HDI）：国連開発計画が発表する指標で，その国の人々の生活の質や発展度合いを示す。人間開発の3つの指標「出生時平均余命」「成人識字率・総就学率」「一人当たりGDP」を指数化したもの。
ジェンダー・ギャップ指数（GGI）：各国の男女格差を測る指数。経済，教育，政治，保健の4分野から作成される。0が完全不平等，1が完全平等を意味する。

3 多様な家庭とその理解

● **事例3－1　《ある専業主婦の母親の語り》**

「子どもが小さいうちは育児に専念しよう」と意気込んで専業主婦になりました。「大切な時間を子どものためだけに使い，丁寧に子どもと向き合いたい」と自分で選んだ道のはずなのに，気がつくと毎日時間に追われて，疲れてイライラして子どもにあたることも……。

特に，下の子を妊娠してからは体調が思わしくなく，子どもも外遊びができず，親子でストレスがたまります。たまには，ひとりで好きな本を読みたい，音楽が聴きたい，趣味や習いごとで気分転換をしたいと思うことがあります。でも，他人に子どもを預けてまで自分がしたいことをするのは，罪悪感というか，抵抗があります。夫は子育てに協力的ですが，毎日帰宅が遅く，週末も出勤することがあってほとんど頼れません。

一日中子どもと二人で家の中に居ると，子どもの悪いところばかり目について，叱ってばかり。あまり良いママではありません。他のママは落ちついていて楽しそうに子育てしているのに。

自分で選んだ道だから，弱音も吐けないけれど，どんなに一生懸命子育てをしても，誰も「すごいね」とか「えらいね」ってほめてくれない。努力の結果が目に見える訳じゃないし達成感もない。それに，親がどんなに頑張ったところで，将来自分の子が悪い道に進まないでちゃんと育ってくれるっていう保障はどこにもない。この育て方なら大丈夫，という確信が持てないのが不安です。こんな悩みって，無い物ねだりというか，ぜいたくな悩みでしょうか。子どもと一緒に居たくても居られない人もいるのに。

でも，誰からも相手にされず，良いママにもなれない自分が，時々情けなくなることがあります。

第3章　子育て家庭に関する現状と課題　　47

● **事例3－2　《ある共働きの母親の語り》**

　朝はオムツや着替えが一杯詰まったバッグを抱え，子どもの手を引いて保育園に駆け込みます。会社に着けば帰宅時間を気にして社内を走り回り，とにかく余裕がなくて毎日走っている感じです。時々，「仕事を辞めちゃったら，もっとゆっくり子どもと向き合えるのに」と思うことがあります。子どもと接する時間は短いし，いつもバタバタとしていてゆとりがない。残業は無理だし，一人前の仕事もできずに職場に迷惑をかけているのではないか，自分は母親としても失格じゃないかと思って落ち込むこともあります。

　でも，私はずっと家にいると息が詰まっちゃうタイプなんです。産休と育児休業を取ったとき，最初は長いお休みに入れることがすごくうれしかった。でも，大人と会話することもなく，一日中子どもと二人で家にいるのがだんだん苦痛になって，予定よりも早く職場復帰しました。子どもが重い風邪をひいて会社を一週間近くお休みしたときもそうでした。一日目や二日目は充実して過ごせるのに，そのうち，私の方が精神的に参ってしまったのです。

　子どもと一緒に居られるのは楽しいし，成長が感じられてうれしいけれど，自分が一人になれる時間は全くないし，今日はどうやって子どもの相手をしよう，とか考え込んでしまいました。一日中，エネルギー一杯の子どもの相手をするのは大変なことですね。専業主婦の方たちを尊敬します。夕方，子どもの好きなテレビ番組が始まったら，やっとほっとできたんです。こんな日が続いたら，私は頭がおかしくなっちゃうなって思いました。

　私にとって，仕事は自分の生きがいというか，成長の糧なので，完全に辞めてしまおうと思ったことはないのですが，疲れがたまってくると，一時期だけでも仕事を離れてみようかなと，弱気になります。でも，一度辞めてしまったら，子持ち女性の再就職は難しいし，希望の職に就けるかもわからない。それに，自分は子どもとべったり過ごして満足できるような，良いお母さんにはなれそうもないので，そんな風に悩みながら仕事を続けています。

❶ 子育てをめぐるさまざまな思い

　人々のライフスタイルや意識が多様化してくると，それぞれが抱える課題も多様になる。事例３−１の母親は，育児に孤軍奮闘するあまり，自信を失い，社会から疎外されたような寂しさを味わっており，事例３−２の母親は，忙しさから心身共にゆとりを失い，親としても職業人としても中途半端である自分を責めている。これらの事例に見るように，出産を機に仕事を辞めて専業主婦になった女性は育児不安や孤立感に悩み，仕事を継続した女性は時間に追われながら仕事と家庭の二重負担を背負うことが多い。離婚などで仕事と育児を一人で担っている親もいる。子どもと共に生きるすばらしさを，親たちが日々実感できないでいるのはもったいないことである。

　女性に子育て役割を期待するわが国では，事例のような二者択一を迫られる。職場や仕事優先の雇用環境のなかで，仕事と子育てをどう両立させられるのか，はたして両立しうるのかといった問題は，今日の人々の大きな関心事になっている。本節では，両立の問題も含め，子育てをめぐる喜びや苦労，悩みを具体的に見ていくことにする。

■ 子育ての喜び

　子育てにはさまざまな楽しみや喜びがある。幼い子どもとの生活には明るさや活気が生まれ，子どもとともに過ごすとき，大人はあたたかい気持ちに満たされたり，思わぬことに気づかされたり，わくわくした気持ちや体験を共有することができる。一方で，子育てをする親には，負担や苦労も生じる。経済的な負担であったり，心理的，肉体的な負担であったり，親の置かれた状況によっては，その負担は大きくも小さくもなる。

　赤ん坊は，授乳や排泄など大人が世話をしなければ生きのびることができない。親が子どもの世話を繰り返し，あやしたり遊んだり，子どもの育ちを見守ったりという日々の営みのなかで，子どもと親の絆（愛着）は形成され，子どもは子どもとして，親は親として成長していく。子どもの育ちと親の育ちは，同時に進行するものであり，それぞれの豊かな育ちが保障されなくてはならない。

　子どもは，親からみて望ましいことだけでなく，困ったことや迷惑なことを繰り返しながら成長していく。日々生じる不安や負担，悩みもひっくるめて，「子育ての楽しさ」であり，「親である醍醐味」であろう。子育ての楽しさや喜びを地域の人々と分かち合うことができれば，その喜びは一層強いものになるはずである。

❷ 育児ストレス

　子育ては，親の思い通りにならないことが多く，親は，不安になったり悩んだりすることがある。特に，夫からのサポートが得られず，妻が一人で育児をしている場合には，子育ての楽しみが感じられないまま，肉体的にも精神的にも追い込まれ，ストレスを感じていることが多い。

　一般に，「育児不安」とは，「育児を担当している人が，子どもの状態や育児のやり方などについて感じる漠然とした恐れを含む不安の感情。疲労感や焦り，イライラなどの精神状態を伴う」ものと定義される（牧野 1993）。母親たちの育児不安やストレスの高まりの背景には，先に述べたように，都市化や地域ネットワークの弱体化，少子化，情報化などの影響があろう。母親ひとりが孤立して子どもと向き合っているケースや，二つの事例のように，子育てに強い義務感や責任感を感じて完璧にこなそうとする余りに子育てが楽しめなくなっているケースも考えられる。

　また，母親の育児不安やストレスが高まっている背景のひとつに，母親が子どもをもつ前に赤ん坊とふれあった経験や子育てを目にする機会がなく，経験や知識が乏しいまま親になっている状況がある。親の多くは子ども時代を核家族で過ごし，赤ん坊や子育て中の大人との接触経験がないまま成長しており，自分の子どもが生まれて「初めて赤ん坊を抱いた」という親が多い。子どもの扱い方を知らず，子育てに緊張や戸惑いを感じるのは，ごく自然な反応である。

　相談する人が身近にいないために本やメディアの情報に頼り，情報に翻弄されてかえって不安が高まる場合もある。インターネットの急激な進展で情報は氾濫し，市場では子育ての商品化が進み，消費者となった親は，情報化や商品化に翻弄されやすい。消費に走ったり，購入できないことでストレスを増大させたりすることもあろう。

　母親たちは，孤立感を感じていたり子育てに自信が持てなかったりするため，仲間や役立つ情報・商品を強く求めるが，一方でストレスも溜めやすい。地域がこうした母親をどのように支え，子育てネットワークを発展させていくとよいのか，支援のあり方が問われてくる。

❷　子育ての負担感

❶　教育費の負担感

　高学歴化する現代では，子育て費用の中で教育費の占める割合が著しく高くなっている。2015 年度「人口減少社会に関する意識調査」では，子育て中の男女に子育ての負担感について尋ねている。図３－９は，15 歳以下の

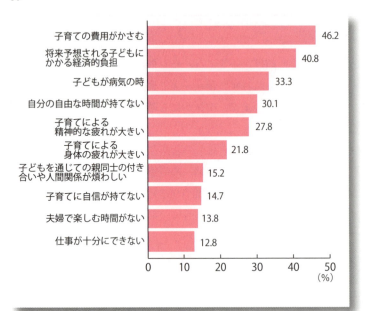

図3－9
具体的な負担・不安の内容
（複数回答）（上位10項目）

（出典：厚生労働省「人口減少社会に関する意識調査2015」）

図3－10
週60時間以上働く雇用者の割合（男女別）

（資料：総務省「労働力調査」）
（出典：内閣府「2018年版男女共同参画白書」）

子どもが1人以上いる男女（626人）が「具体的にどのような負担や悩みがあるのか」を回答した結果である。第1位は「子育ての出費がかさむ」46.2％、第2位は「将来予想される経済的負担」40.8％と、経済面の負担感がトップを占める。現在も出費がかさんで大変だが、将来教育費がかかるのが不安だ、と多くの男女が感じている。第3位は、「子どもが病気のとき」33.3％、第4位は「自分の自由な時間が持てない」30.1％、「精神的な疲れが大きい」27.8％、「身体の疲れが大きい」21.8％と続く。子どもが病気の時に仕事を休みにくく、預け先に困ることや、忙しさでゆとりが持てず、心や身体の疲れが大きいことが負担感の上位を占めている。

実際に、子どもの教育費はどのくらいかかるのだろうか。文部科学省の「子どもの学習費調査」（2016年度）の統計では、幼稚園3歳から高校までの15年間を公立に通った場合は約540万円、すべて私立に通った場合は、約1,770万円かかるという。私立は、すべて公立に通った場合の3.3倍の費用がかかる。子どもを大学に進ませる場合は、さらに高額になる。

❷ 長時間労働の負担

図3－10は、「1週間の就業時間が60時間以上の雇用者の割合」を男女別に見たものである。1990年と比べると全体的にやや減少傾向にあるが、子育て期の30代・40代男性においては、長時間労働の割合が他の年代に比べて高い。30代・40代男性の約15％が、週60時間以上働いている。週60時間以上働く雇用者女性の割合は2.6％と少ない。

このような長時間労働を前提とした働き方では、仕事と家庭生活との

両立は困難であり，男性が家事や子育てに関わることは物理的にも困難になる。男性の妻が出産後も就業を継続したいと考えていても，男性が働き方を変えることができなければ両立は難しく，妻が働き方を変えて対応する以外に方法はない。子どもをもっても男性は働き方を変えず，女性は育児休業や短時間勤務を利用したり就労を一時中断して後に非正規雇用に就いたりなど，働き方を変えて対応している。

❸ 解消されない待機児童

図3－11は，「保育所などの待機児童数」と「放課後児童クラブを希望しても利用できない児童数」の推移である。政府は近年，保育環境の整備を積極的に進めており，定員を拡大している。厚生労働省によると，2017年の保育所等の定員（保育所・認定こども園の定員）は約274万人，放課後児童クラブの登録児童数は約102万人となり，両方とも定員数は増加している。しかし，その一方で，待機児童数も主に都市部で増加しており，2017年の保育所は2万6千人，放課後児童クラブは1万7千人が，未だに待機している。

子どもの数が減っている時代に，保育の受け皿が拡大しても利用希望者が増え続けるという現象は，潜在的な保育ニーズが高いことを示している。就業継続をほぼ諦めていた層が，「保育環境さえ整えば継続したい」と考え，顕在化するのであろう。

今後さらに少子高齢化が進めば労働力が不足するという懸念から，政府は保育環境の整備を急ピッチで進めている。女性の就労意欲はもともと高いことから，保育環境が整えば，出産・育児で就労を一時中断する女性は減ることが予想される。

図3－11
保育所や放課後児童クラブの待機児童数の推移

（出典：内閣府「2017年版男女共同参画白書」）

❹ 仕事と家庭の両立の困難

子どもをもつ前に正規雇用で働いていた女性が，第1子の妊娠や出産を機に退職する割合は少なくない。「第15回出生動向基本調査」(2015)によると，正規職員の女性のうちの34％が，第1子出産前後に退職している。別の調査（厚生労働省）では退職した理由を聞いているが，出産前後に退職した女性の4分の1が「仕事を続けたかったが仕事と育児の両立の難しさでやめた」と回答している。正規雇用で育児休業などの制度があっても，出産後の両立が難しいために退職していることがわかる。

	自分の都合の よい時間に働 きたいから	家計の補助・ 学費等を得た いから	家事・育児・ 介護等と両立 しやすいから	正規の職員・ 従業員の仕事 がないから	専門的な技能 等をいかせる から	通勤時間が短 いから	その他
2013	25.4	26.8	15.9	14.1	5.6	3.8	8.4
2014	26.3	25.5	16.3	13.6	6.0	4.2	8.0
2015	27.6	24.7	16.6	12.3	5.9	4.0	8.9

(%)

表3－5
非正規職員・従業員とし
て働く女性が，非正規を
選んだ理由

（出典：総務省「労働力調査
2016」）

先の図3－8「末子の年齢階級別に見た，仕事を持つ母親の割合」の中で，母親の就労形態に注目してみると，非正規雇用は末子年齢が上がるにつれて増えていくが，正規雇用の割合は末子年齢に関係なく30％前後と一定である。子どもの成長とともに働く母親は増えても，正規雇用で働く母親は増えないことを示す。

表3－5の総務省「労働力調査」では，現在非正規で働いている全国の女性に「非正規を選んだ主な理由」を尋ねている。2015年度の女性の回答（1,345万人）で，第1位は「自分の都合のよい時間に働きたい（27.6％）」，第2位は「家計の補助・学費等を得たい（24.7％）」，第3位「家事・育児・介護等と両立しやすい（16.6％）」，第4位「正規の職員・従業員の仕事がない（12.3％）」であった。表には示していないが，男性の第1位は「正規の職員・従業員の仕事がない（26.9％）」である。女性は柔軟な働き方ができる非正規雇用を選んで就いている。

自発的に非正規を選んだ女性ばかりでなく，先のように「正規職員での継続は両立が困難」で切り替えた女性もいる。長時間労働で職場優先の雇用慣行では，育児休業など両立支援制度はあっても両立がしにくい。乳児の預け先が少ないことも重なって，不本意ながら就労を中断するケースもあろう。企業も，子どものいる女性を正社員として新たに雇う事例は少ない。

また，現行の税・社会保障制度も，女性の就労を抑制する。配偶者控除（1961年）や年金の第3号被保険者制度（1986年），企業の配偶者手当などは，高度成長期に主流であった片働き世帯を前提に組み立てられたものである。片働き世帯が大きく減少し，共働き世帯が主流となった現在，これらの制度の見直しが検討されている。

出産や育児に関わりなく仕事を続けたいと，学校卒業後に正規雇用で働く女性は増えたものの，両立が困難なために妊娠・出産で離職するケースが多いことから，女性の就業継続への思いと現実の行動との間のギャップが拡大している状況がうかがえる。

5 増えない男性の家事・育児時間

「男性の家事・育児」に対する期待は，近年高まっている。妻の家庭内の負担を軽減させ，夫婦が理想の子ども数を持てるように，といった「少子化

第3章　子育て家庭に関する現状と課題

対策」の観点から期待されることが多い。

そこで、実際に「男性が家事や育児に関わること」と「子どもの出生数」には関連があるのかを見てみよう。図3－12は、「夫婦が共働きの男性の休日の家事・育児時間」と「この12年間で第2子以降の子どもが生まれたかどうか」の関連を見たものである。夫が「家事・育児時間なし」で第2子以降が産まれたのは9.8％であるが、「2～4時間」では56.7％、「6時間以上」では84.5％の夫婦に第2子以降が産まれている。夫の休日の家事・育児時間が長いほど、第2子以降の出生割合は高まる傾向が見られた。男性が家事・育児に深く関与することは、夫婦の理想の子ども数を持てる要因の一つであるといえよう。

では、幼い子どものいる共働き家庭では、どのように家事や育児が分担されているのだろうか。図3－13は、「末子が8歳以下」の子育て中の夫・妻の家事・育児時間（1日あたり）をみたものである。末子が0歳の場合は、乳児で手がかかるため、妻も夫も育児時間は長くなっているが、家事は夫が28分と短く、ほとんどの家事を妻が行っている。末子が小学校にあがる6-8歳になると、夫の育児時間は8分と短くなる。家事は29分と0歳の場合と変わらない。幼い子どものいる共働き家庭でも、家事・育児は主に妻の担当であることがわかる。

次に、男性の家事・育児時間を、国際比較で眺めてみよう。図3－14は、「6歳未満の子どもを持つ夫の、1日あたりの家事・育児時間の国際比較」である。日本の父親は、家事・育児を合わせて1時間7分と、先進国7か国のなかで最も短い。スウェーデンは3時間21分、ノルウエー、ドイツ、米国などは約3時間である。

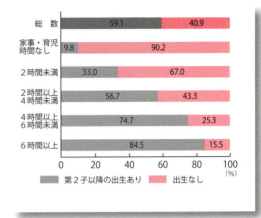

図3－12
共働きの夫婦の家事・育児時間（末子年齢別）

（資料：総務省「社会生活基本調査」）
（出典：内閣府「2016年版男女共同参画白書」）

図3－13（左）
共働き夫婦の家事・育児時間（末子年齢別）

（出典：内閣府「2016年版男女共同参画白書」）

図3－14（下）
6歳未満の子どもをもつ夫の家事・育児時間（1日あたり、国際比較）

（資料：総務省「社会生活基本調査（2011）」）
（出典：内閣府「2016年版男女共同参画白書」）

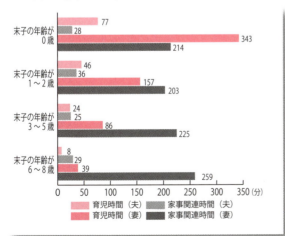

先に見たように，日本では 30 代・40 代男性の約 15％が週 60 時間以上働いている。6 人に 1 人の男性は週 60 時間以上就業しており，平日家事・育児に関わりたいと思っても，物理的に叶わない現状がある。幼い子どもをもつ共働き家庭でも，家事・育児のほとんどは妻が行っており，妻の就業は分担を押し進める要因になっていなかった。

女性は，子どもを持つと離職するか非正規雇用に切り替えて働き方を変えるものの，男性が働き方を変えることはほとんどない。むしろ，先の家事・育児の分担状況を見てもわかるように，子どもを持ったとたんに，妻が家事・育児を引き受け，夫はさらに長時間働いて仕事に専念する姿が浮かび上がってくる。日本の夫婦では，子どもの誕生をきっかけに，よりはっきりした性別役割分業に入るといえる。

こうした社会的状況が少子化を促進しているとの反省から，わが国では，男性の育児関与を促そうと「**パパママ育休プラス**」（2010 年）を施行している。夫も妻も育児休業を取得すると，子が 1 歳までの育児休業期間を 1 歳 2 か月まで延長できる施策である。施行に合わせ，厚生労働省は，育児を積極的にする男性（イクメン）を応援する「イクメンプロジェクト」を実施し，情報発信や職場環境づくりを図っている。長時間労働の是正や男性の家事・育児時間の促進により，少子化傾向に歯止めがかかることが期待されている。

パパママ育休プラス：
育児・介護休業法の改正点の呼称。夫婦で取ると育休期間を 2 か月延長でき，夫婦同時に取っても別々に取っても良い。改正で，専業主婦の夫も育休が取得可能になった。

3 求められている多様な子育て支援策

以上，わが国の子育て家庭が抱えやすい多様な課題を眺めてきた。① 雇用の不安定化や賃金の伸び悩みを背景に，教育費等の負担感が大きいこと，② 特にひとり親世帯で子どもの貧困率が高いこと，③ 男性の長時間労働に対応できるよう，女性の多くは非正規雇用で働く現状があること，④ 保育環境の整備が追い付かず，女性の就労意欲や能力は活かされていないこと，⑤ 男性の家事・育児時間が増えないと，第 2 子以降は産まれにくいこと，など様々な側面の課題が見られた。子育て期の男女が，どの時点で，どのような課題を抱えるかによって，求められる支援は異なってくることがわかる。

現在の子育て期の男女は，「男性は稼ぎ手」「女性は家事・育児」といった分業を維持しつつも，女性の就労意欲は高いため，経済的ニーズや雇用・保育環境の充実度に応じて正規か非正規で就労継続する，という特徴を持つ。しかしながら，女性が育児で就業を中断することは，社会にとっても損失が大きい。男女共同参画社会の実現は，先の多岐に渡る課題を解決に導く重要なアプローチとなろう。これからの子育て支援には，性別ではなく，個人の能力と個性に合わせた多様なライフスタイルに対応する支援策が必要になる。

子育ての第一義的責任が保護者にあることは，児童福祉法や児童の権利条約にも明示されている。保護者の子育ての責任と自助努力は不可欠であるが，現代社会において親の自助努力だけで子育てをすることは，もはや限界に近い。現代の子育て家庭の負担は経済的にも精神的にも肥大しており，さまざまな負の要因が絡まって，児童虐待にかかわる深刻な事例も指摘されている。

わが国の子育て支援はこれまで，保育に欠ける子どもたちへの保育関連の支援が中心に展開されてきた。しかし，2010年「子ども・子育てビジョン」が策定され，これまでの「少子化対策」から，「子ども・子育て支援」へと転換された。さらに2012年には，「子ども・子育て支援新制度」が成立し，子育て家庭に過重な負担がかかっていたのを社会全体で支えるため，経済的支援や保育サービスの拡充・整備など，総合的な子育て支援が目指されている。公的な支援とともに，地域社会も子どもを見守り，親を応援するしくみが整備されつつある。第4章では，それらの対応策について，詳しくみていく。

子ども・子育て支援新制度：
2012年に成立した「子ども・子育て支援法」，「認定こども園法の一部改正」，「子ども・子育て支援法及び認定こども園法の一部改正法の施行に伴う関係法律の整備等に関する法律」の「子ども・子育て関連3法」に基づく制度を指す。

● やってみよう

❶ 結婚すること・しないこと，親になること・ならないことについて考えてみよう。自分はどのような生き方をしたいかをクラスで意見交換し，結婚や家族のあり方についてさまざまな考えがあることを知ろう。

❷ 子どもをもって女性が就業を継続することについて，賛成派，反対派になって討論してみよう。

❸ 現状において「父親が育児休業を取ること」には，メリットやデメリットがあると考えられる。父親，母親，会社にとって，どのようなメリットやデメリットがあるか，それぞれあげてみよう。次に，自分はどのようにしていきたいか，あるいは，夫婦両方が育児休業を取得するにはどのようなことが必要になるかなどを考えてみよう。

❹ まわりに育児休業を取っている男性はいるだろうか。調べてみよう。

●参考文献・図書●
①柏木惠子・若松素子「親となることによる人格発達：生涯発達的視点から親を研究する試み」
　『発達心理学研究』5（1）　1994　p.72-83
②厚生労働省「離婚に関する統計」（http://www1.mhlw.go.jp/toukei/rikon_8/repo5.html）
③国立社会保障・人口問題研究所「第14 15回出生動向基本調査」2010 2015
④内閣府「男女共同参画白書」2009，2010 厚生労働省「人口動態統計」2015
⑤内閣府「子供・若者白書」2015，2016, 2018
⑥広田照幸「日本人のしつけは衰退したか─『教育する家族』のゆくえ」，1999，講談社
⑦内閣府「男女共同参画白書」2014，2015，2016，2017，2018
⑧厚生労働省「厚生労働白書」2015
⑨厚生労働省「全国母子ひとり親世帯等調査結果報告」20112016
⑩厚生労働省「国民生活基礎調査の概況」2015 2017
⑪牧野カツコ『新社会学辞典』森岡清美他編 1993
⑫厚生労働省「人口減少社会に関する意識調査」2015
⑬総務省「労働力調査」2016

（堀口美智子）

第4章
特別なニーズを持つ家庭と援助

　本章では特別なニーズをもつ家庭への支援についてとりあげる。1では特別なニーズをもつ家庭への支援に共通の課題について，2〜7では特別なニーズとして，育てる子どもに育てにくさや障害という困難のある家庭，家庭がもつ状況から様々な特有の困難のある家庭（ドメスティック・バイオレンスの問題のある家庭，ひとり親家庭，ステップファミリー，実子ではない子ども育てる養育家庭，外国籍異文化の家庭）をとりあげ，それぞれの支援の課題を考える。

1　特別なニーズへの支援の考え方

　ここで取り上げる各テーマはどれも周囲の理解が得にくい特殊な状況を抱えている。一般の社会で誰もが日常的にする経験ではないので，周囲の人に相談をもちかけにくい。状況を理解してもらえず，相手の何気ない言葉に傷つくことも多々みられる。せっかくの相談が役に立たないと，ますます自分だけで抱え込み，周囲に援助を求めなくなる。
　保育士として適切な対応をするには，最初に相手の話や気持ちを十分によく聴き，その家族の特有な状況を把握する。その上で，① 先の見通しをもち，② その時点での家族に必要なことを考え，③ 家族へ適切な支援や情報の提供，④ 必要に応じた他機関との連携が必要である。

1 特有の状況の把握

　特殊な状況の正しい理解と適切な状況判断のためには，一般的な子育ての知識に加え，特別な知識が必要である。特殊な事情の内容，それに伴い生じる事態や家族への影響，その家族の心理の理解，事態の軽減の方法や各々の問題の一般的経過などである。必ず，当事者だけでなく親子に深いかかわりのある周囲の人々との関係も考慮する。祖父母や親族，近隣の人も大きな影響を与えるので，どのような人間関係の中で現在の状態になっているかを考える視点を持つ。メールや様々な SNS など通信手段が多様化し，滅多に会わない遠方の人の言葉も大きく響くことが考えられる。

　保育士が初めて特別な状況に直面した場合には，誰でも戸惑いを感じる。わからないまま対応すると，自分では援助したつもりが相手を傷つけてしまう。このような時，無理に引き受けず，「自分はわからない」と相手にきちんと伝える。それによって，相手は次の適切な行動をとるスタートに立てるからだ。適切な対処のできる機関や人につなげるのも保育士の役割のひとつである。一人で抱え込み自分の力だけで何とかしようとしすぎないことは，親同様に保育士にも大切な姿勢である。

2 適切な情報の提供

　保育士は，あくまでも限られた期間の援助者である。限られた期間しか親子に寄り添えない。親子が保育士の元から離れてからも，一人で抱え込まず周囲を適切に頼る力をつけていてほしい。それは出会った保育士との温かなつながりの経験が，新たな人や機関を訪ねる勇気につながっていくのである。

　周囲の意見に流されるのではなく，親子が自分の気持ちを大切にして自分で判断して行動することが，自尊感情をはぐくむことになる。考えるときに必要な情報，あるいは情報の入手方法・場所などを伝える。どの程度の情報を伝えるかは，親子の状況によって異なる。保育士が至れりつくせりにすることは，表面的には援助のように思われるが，親子の自立を遅らせてしまう場合もある。親子に力がつく必要な援助とは何かを十分に考えての対応が望まれる。

地域ケア：
欧米社会で構築された障害児・者へのケアを提供する方法。各機関がもつ機能を相互に補い合いながら，対象者に必要なサービスを地域全体として提供していく。そのとき，対象者の状況やニーズを把握しているキーパーソンが機関同士の連携の要となる役割をとる。キーパーソンや機関の取る役割は固定的ではなく，対象者の状況などにより変化する。児童虐待対応時には有効な連携の方法である。（第 5 章図 5 - 5，p.114 参照）

3 他機関との連携

　親子が特別な状況を持つがゆえに，特別な対応の必要性が生じる。そのニーズにあった対応は，一施設ですべてを担うのは困難である。地域の機関同士が連携をはかり，親子が必要としている援助を補完しあう。この方法を地域

第4章　特別なニーズを持つ家庭と援助　59

ケアという。キーパーソンは，変わっていく親子のニーズを把握し，そして，そのニーズを充足するように動く。このとき機関同士の連携をとる場合には，各機関の役割や目的を関連機関が共通理解した上で，役割を遂行する。例えば，障害を持つ子どもの場合，毎週1回の専門的療育を療育機関で受けながら保育園で保育をする。親は子ども家庭支援センターで相談を受けるなどである。各機関が個々の判断で行うのではなく連携をとっていると，しばしば生じる機関同士の摩擦が減少する。そして，親子が混乱することなく適切な援助を受けることができる。

2　育てにくさや障害のある子ども

特別なニーズの最初に，育てる子どもに様々な育てにくさや障害がある場合の支援を考えてみよう。

> ● **事例4−1**
>
> 　節ちゃん（4歳9か月，女児）は，両親と小学校1年生の兄の4人家族。3歳児で保育園入園，現在は年中組である。生まれたとき1260gの低出生体重児であった。歩行，言葉など発達が全体的に遅く，現在文レベルの簡単なやり取りはできる。抽象的な理解が難しく，クラスいっせいの課題は近くの友達を見てまねをしている。
>
> 　毎日の送迎は母親がしているが，いつも言葉少なく表情が乏しい。節ちゃんへ話しかけが少なく，登園時の朝の支度を子どもにやらせず母親がしてしまうことが多い。兄が一緒に迎えに来ると荷物を持たせたり，厳しい口調で注意をする姿が見られる。
>
> 　節ちゃんの乳幼児期には，夜泣きをする，ミルクの飲みが悪い，なかなか寝返りをうたない，言葉が遅い，言うことをきかないなどさまざまな気になる状態と向かい合いながら，親は日々の育児をしている。

親の訴えるそれらの心配や不安は，特別な対応が必要な心配か，成長とともに解消するのかを判断をしなければならない。保育士は適切な判断をするために，子どもの発達や障害に関する知識と経験とが必要である。

1　障害を受け容れる困難の理解

ダウン症や脳性まひなどのように医学的検査で早期に診断が明確につくのは，ごく一部である。診断名の有無にかかわらず，乳幼児期にはわが子の障害をほとんどの親は，受け容れ難い。障害を持つ子どもの親の心理状態はキュ

プラー・ロスの深い悲しみを受容する段階（図4−1）の否認や怒りの段階にあたる。

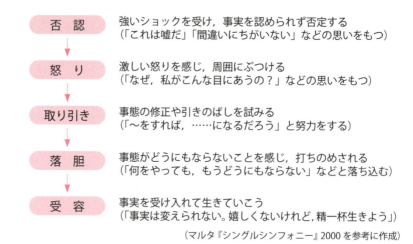

図4−1
深い悲しみを受容するまでの心理的プロセス

（マルタ『シングルシンフォニー』2000を参考に作成）

　私たちは，子どものいる家庭を思い描くとき，誰もが健康な子ども，幸せな家庭をイメージする。そのような意味で，障害は思い描いていた子ども像とは異なるひとつの**喪失体験**となる。喪失体験の初期には，わが子が障害をもつはずはない，どうして私がこのような目にあわなければならないのか？との思いを強く持つ。この時期には病院巡り（hospital shopping）をする人もいる。保育士は「親なのだから，もう少し子どものことを考えてほしい」などと，歯がゆさを感じることも多い。どんなによい助言であっても，親がそれを受け取る気持ちになっていなければ，言う側の自己満足で終わる。時には，助言をしたのに実行しない（実際は，実行できない）親を責めてしまうことすらある。障害の受容は，人が一生をかけてもできるかどうかという程の重く深い課題であることを保育士は十分に心得ている必要がある。
　前述の通り，乳幼児期の段階では親は障害の受容はなかなか難しい。気持ちの混乱は，受容に向けてのスタートを意味する。保育士は，喪失体験のプロセスを念頭に，親はどの段階の心理かを考慮してかかわることが求められる。

第4章　特別なニーズを持つ家庭と援助　　61

2　親への対応

1　状況の深い理解をする

● 事例 4 － 2

　節ちゃんの親は育児を楽しめず，言葉かけが少なくなっている。同じクラスの子どもを見て，わが子の成長が遅いと母親は内心不安に感じているのだ。特に小さく生まれた子の母親は「普通に産んであげられなかった」と自分を責め，"他の子どもと同じ"にすることが目標になりやすい。節ちゃんの運動会の絵が他児の絵と並べて飾ってあるだけでも母親はほっとする。

　親が家族の中で置かれている立場，夫婦関係，祖父母の考え方なども含めて，親の思いについて熟考する。特に，パートナーや祖父母の理解が得られない時は深刻である。他方，親の訴えとは別に，保育士としての子どもの発達の問題や心配を捉えよう。保育士として，今後，発達に何が必要なのかも考える。しかし，保育士が重要と考える育児や療育を，親の考えや心理状態を抜きにして子どもに当てはめることはできない。家族が，無理なく取り入れられるように，相手の状況に応じて伝えていく。

● 事例 4 － 3

　節ちゃんの親は「早くしなさい」「何回も言っているのに，どうしてやらないの！」と強い語調で節ちゃんに話しかける。保育士が「ママは節ちゃんにやって欲しいと思っているのね」と親の気持ちに寄り添った言葉をかけると「なかなか自分でやらないので，心配になる」と母親は不安に向き合い表現できるようになる。

2　心配を心配として受けとめる

　親は子どもの世話をしながら，子どもの成長がどこか違うと感じている。他方，成長が著しい乳幼児期は多少とも成長が見られる。それゆえ，親は"心配"とわが子に限って障害や問題があるはずはない"大丈夫"との両極の思いに揺れ動く。親の思いだけではなく，祖父母や近所の人の言動でも左右される。事例4－3のように，保育士は，親の気持ちをそのまま受容し，それが親に伝わることが理想である。我々に見えるのは親の行動（事例4－3では，親がきつい言葉かけをしている）である。その行動の奥には，親の不安な気持ち（この子は，ゆっくりしかできなくて，大丈夫なのだろうか）がある。我々は表面に見える行動にのみ注目（強い語調で話しかけている）し，それに対処しようとアドバイスを先にしがちである。しかし，人は本心に向

き合った後，初めて次の行動に移ることができる。不安を一緒に抱えてくれる人がいると，親の気持ちは軽くなり，気持ちの整理がつけやすくなる。まず，保育士は，親の何とも制御しがたい不安や怒りの聴き役になればよい。(図4－2　p.67参照)

● **事例4－4**

「皆のように言葉が話せなくてー」との親の心配に，保育士は安心をさせようと「言葉が少し出ているから大丈夫」と言った。親はその言葉で，発達の遅れもなく健常であると思って一時気が楽になった。しかし，節ちゃんの言葉の状態は変わらず，しばらくすると，また不安がふくらんできた。

---

❸　親を左右する保育士の言葉

心配を抱えている時に，出会った人のひとことは非常に大きな意味を持つ。特に保育士の言葉は親にとって特別の意味を持つので，慎重に言葉を選んで話す。事例4－4で考えてみよう。「大丈夫」は保育士がよく言う言葉である。言われた方の親は，その言葉に一時的な安心を得て，不安や心配に向き合うのを先送りすることがよく起こる。その結果，適切な対応が遅れる。一時しのぎで「大丈夫」と言うことは慎もう。もちろん，"全く心配がない"と判断した場合には，親に伝えれば安心するだろう。自分の言葉が相手に及ぼす影響に思いを至らせながら，人とのつながりを積んでいくのが専門家である。そのような点で責任の重い仕事であるが，それだけにやりがいのある仕事でもある。

❹　きょうだいへの配慮

親は問題を現す子どもにだけエネルギーを注ぎがちで，きょうだいは我慢を強いられたり，年齢以上に大人扱いをされる。中には，親役割を肩代わりする子ども，いい子になって認められようとする子どももいる。子ども自身の感情が置き去りにされると心の発達は屈曲することがある。保育士はきょうだい関係にも気を配り，時にはきょうだいの心理を親に伝える。また，子どもに対しては，親に向けられない感情を保育士に向けてくる子どもの状況や気持ちを受けとめられる保育士であってほしい。

❺　情報の提供

保育士は，相手の状態を見ながら，障害に関する情報や対応，同じ障害をもつ親の会の情報などを知らせる役割もある。同じ悩みや問題をかかえている仲間の存在に勇気づけられ，当事者同士だからこそできる支えあいとなる。

第4章　特別なニーズを持つ家庭と援助　　63

そして，同じ障害の子どもを育てた先輩と気持ちを分かち合うだけでなく，子どもの少し先の状態や療育等の情報を教えて貰うこともできる。将来の見通しが持てると気持ちにゆとりが出てくる。

❻　専門家の紹介と連携

「大丈夫」と言われないと，親の心配は当然膨らむ。その心配のエネルギーは，親が専門家を訪ねる原動力となる。親の心配が続くようであれば，専門家との相談を考えよう。子どもの状態によって小児神経科医や児童精神科医，整形外科，心理関係の人や子育て世代包括支援センターの保健師などの専門家につながるとよいだろう。場合によっては，親の取り越し苦労のこともあり，不安を持ちながら時間を費やすよりは，念のため，安心のために受診を勧める場合もある。乳幼児期の対応は，その後の成長に大きく影響するからである。

そして，親の了解を得て関連機関が連携を取る場合もある。親子に必要な役割分担をすることによって，各機関の強みが活かされる。例えば，親の相談は，子ども相談室などが担当する。保育士は，親への対応は相談室に任せて，子どもの立場にたった保育に専念しやすくなる。あるいは，子どもが専門的な療育を受ける場合もある。連携に関して親の了解を得られれば，療育の専門的なスキルを保育に活用し，子どもの発達を支えることもできる。

❸　子どもへの対応

❶　障害を持つ子どもへの対応

子どもが感情を押さえ込んで屈折させずに，生まれもった力を十分に発揮して生活することを大切にしたい。受容される経験が，安定した心につながる。また，子どもが劣等感を持たないよう配慮が必要である。言い換えれば，障害をもったことによる二次的な問題を防ぐことである。周囲の期待が強すぎる，あるいは子どもの持つ力とずれていると，本来の力も発揮できなくなる。その結果あたかも力がないかのように見えてしまうこともある。

その子にとって活動内容が難しく少しの努力では達成感が得られない経験が続くと，子どもは意欲を失う。保育士が言わなくても，自ら周囲の子どもと比較し，自分が上手にやれないと感じ取る直感力を子どもは持っている。その結果，子どもは劣等感を感じ意欲が低くなる。その子の達成しやすい小さな目標を作り（スモールステップ）達成感を持ちやすくしたり，五感を使う内容を工夫するとよい。プロセスを楽しむことに重点をおき，子どもとのかかわりを大切にしていく。

スモールステップ：最初から高い目的達成を課題とせず，その中間に達成しやすい課題を設定して達成感を経験しながら，高い目的の達成に取り組むやり方である。この方法を用いると，意欲を損なわず，課題達成の努力を積むことが可能となる。

❷ 落ち着きのない多動といわれる子どもへの対応

愛着障害：
乳幼児期に親または養育者との間に安定した心理的つながり（愛着）が形成されない。不安感が強く，対人関係に困難を来たすことが多い。

勝手に動き回り落ち着きがない子どもへの対応に困難を感じている保育士が多い。発達障害（第5章❽参照）を持つ子どもや**愛着障害**が起因している場合などが考えられる。このような子どもは，いろいろなことへの興味はあり，次々と目についたものに関心を示すが，一つのことに集中して遊べない。例えば，周りで音がするとそちらに引きつけられ，音のした方に行く途中で目に入ったものに興味が移ってしまう。自分の興味を持続できず集中して遊ぶことが苦手である。言葉の理解はある程度あるが，子どもと"心が通じる"感じをもちにくい。発語も年齢よりは，遅めである。人とのかかわりの不器用さ，**興味の偏り**や**こだわり**，**過敏さ**などを持つことも多い。また，人と情のやりとりが苦手で，自己中心性が目立つのである。従って，友だちとのトラブルが絶えない。

このような子どもの場合，どのように考えていったらよいのだろうか。

❶ かかわられ方の傾向

コ・アクション（共鳴動作）：
生まれて間もない乳児が，人の動作に注視しそれに応じる動作をすること。例えば，大人がゆっくりと舌を出す動作をみせると，乳児は同じように口をあけて舌を出す動作をする。

生まれつきの活動性が高く，少しの刺激で興奮しやすい特徴を持っている発達障害の子どもは上記のような落ち着きのない様相を示す。あるいは，誕生後に人と応答的なかかわりが少なく，集中が苦手になっている。環境の影響にせよ，生まれつきの特徴にせよ，このタイプの子どもは，注意をされる，叱られるなどの経験が多くなる傾向がある。逆に誉められたり認められる体験は少なく，自己肯定感が育ちにくい（第5章❶-❸　図5-2　p.89参照）。

相手から出されるサインを読み取る力：
近代科学の進歩と乳児研究により，新生児の高い能力が明らかにされてきている。母親と乳児間のやりとりをパルス（脈動）とクオリティ（質）に分析し，かつ両者の組み合わせで作られるナラティブ（物語）の解析結果は言葉を理解しない乳児と親とが時を共有することを可能にする（S.N.Mallch，2006）。さらに親と乳児とはお互いに相手の声や身振りにぴったりと調子を合わせる"調律"を行う。例えば，産後うつ的状態の親が乳児のサインにうわの空で応答的でないと乳児の反応性が低くなり，生き生きと物語性を作れない。逆に，親が不安解消のために親のペースで侵入的な言葉かけをする場合には乳児が相手を予測できず，乳児は不快な表情をし視線をそらせ，"調律"（コミュニケーション）をあきらめる。

興味の偏りやこだわりをもつために，一般的な対応ではコミュニケーションにずれが生じる。子どもは自分の思いを伝えているが，大人には受け取って貰えない体験を重ねる。子どもからすると，周りの状況や投げかけを理解できない不安や恐れ，気持ちをわかってもらえない苛立ちを感じながら育つ。このようなやり取りのずれによって，共感性が育ちにくくなる。配慮のない環境で生活を続けると，このタイプの子どもはますます集中力をつけられず，集団の中に入った時にしばしば"問題な子ども"とみられてしまう。

❷ 対　応

最近の研究で，乳児の能力が徐々に解明されつつある。**コ・アクション**のように，乳児は誕生早期から人の行動を観てその意図を推測し人に合わせようとする力を持っている。刻々相手の意図を読み取ろうとし，乳児からも発信しているのだ。サインを出しても適切な応答がなければ，出したサインが意味を持たないことになる。このようなことが続くと，発信する力も**相手か**

ら出されるサインを読み取る力も磨けない。この繰り返しが，前述の多動な動きを作っていく環境要因である。従って，どの年代の子どもであっても発信されたサインへ的確な対応ができると，子どもの多動傾向を低めていくことになる。同時に，人への信頼感も築き，人に応じる力も育つ。環境要因で，多動傾向をもつ子どもの場合には，保育士がかかわり方を変えると，比較的早くに行動変容が見られる傾向がある。

　また，コラム《集中力をつける》のようなかかわり方で，集中力を大人とのかかわりを通して育てることも大切である。もうひとつは，興味の広がりである。概してこのタイプの子どもは興味の広がりにくさをもつ。最初は，子どもの能力にあった遊びや時間，面白さを共有し，集中力がついてきたら，子どもの興味に合わせながらも保育士が新しいことを加えて遊ぶと，少しずつ興味が広がる。

　診断の有無にかかわらず，配慮あるかかわり方は必要である。上述のように，子どもに合わせながら，保育士との共感をベースに興味を広げ，集中する力をつけていく。だんだんと落ち着いてくると，周囲からも誉められる行動がとれるようになり，集団生活にも適応しやすくなる。

● **コラム　《集中力をつける》絵本を（読むのではなく）共有して見る**

　集中力の乏しい子どもは，自分の好きな絵本でもぱらぱらとめくってやめてしまい，別の遊びに興味が移っていく。

　このようなときが，保育士の出番である。子どものめくったページに注目し子どもの興味にそって，「あっ。電車だ。ごっとん，ごっとん。電車ね。」と言葉をかける。その言葉に誘われて，絵を見たり言葉を発してやりとりになる。子どもだけでは，2～3秒しか続かないのが，タイミングよく話しかけて10秒そのページを見たら，大成功である。このように，最初は短時間でよいので，大人がかかわって少しでも長く集中する楽しい経験を積むと，徐々に一人でも落ち着いて遊びを展開できるようになる。

　興味が続くようになってきたら，子どもが注目していない事を投げかけてみよう。絵本の乗り物しか見ていない子どもに，「電車だねー」と言いつつ，「運転手さんがいた」「パパかな」などと人物に関心を向ける投げかけをする。興味のある内容をベースにしながら，少しずつ興味を広げていく。

子どもが言葉を話すようになると，大人も言葉に頼るようになる。言葉でのやり取りに頼り過ぎると，しばしば子どもの気持ちが置き去りにされる。落ち着きのない子どもの問題行動を注意し，「もうしません」との約束をさせて“子どもが理解した”と考えがちである。実際は，注意された時にはやめるが，同じ行動を繰り返すことが多い（事例4－5）。

● **事例4－5**

　4歳児の裕くんは，ブロックで車を作っている友くんの近くを通りがかった。裕くんがその車を取り上げて，走らせたら壊れてしまった。友くんは，「直してよ」と怒っている。裕くんは何事もなかったかのように，外に出て行こうとしたところを保育士に止められた。同じような場面で，保育士は裕くんに何度も黙って取ることはいけないと注意してきた。「取りません」と約束するのに，同様のことを繰り返している。欲しいおもちゃを手にしても，すぐに別の遊びに移ってしまうことでも保育士は悩み，裕くんへの保育がわからなくなっていた。

　子どもが自分の気持ちの伝え方や人との肯定的なかかわり方を習得しない限り，行動は変わらない。押しつけの学びではなく，子どもの自ら学びたい気持ちを優先する。事例4－5の裕くんの場合には，感情を表現する言葉を覚えるとあいまいな気持ちが明確になり，やりたいことがはっきりとする。その思いの言語表現を保育士の導きから学べる（事例4－6）と，トラブルは減る。

● **事例4－6**

　「友くんは何作っているの？と思ったの？それとも，ブロックで遊びたかった？かな」など，裕くんの発達レベルに合わせた投げかけをする。裕くんが自分の気持ちを感じる力をつけるためである。そして，裕くんの気持ちがわかったら，友くんへの伝え方を保育士が導く。「何て，言うのかな？」と考える機会を作るのもよい。子どもが考えつかない時には，「見せて」「何，作ってるの？」などの裕くんの気持ちを表すことばをかけておく。「今度，見たいなーの時には，『見せて』だね」と同じ場面になったときの具体的で適切な方法を伝えておく。

　その上で，「今は，友くんのブロック壊れちゃったから『ごめんなさい』を先生と一緒にしようね」と謝ることも教えていく。

　トラブルが起きた場面の対応だけに主眼をおかず，適切な行動がとれた場面をみつけ認めていこう。人は注目された行動を強化していく傾向があるからだ。

❸ 情緒的な問題を現す子どもへの対応

情緒的な問題を持ち，適応がうまくいかない子どもがいる。子どもの表す行動の意味を読み取り，子どもの情緒的問題に早めに対応をする。情緒的問題については第5章で詳細に取り上げるので，ここでは考え方を主に示す。

❶ 原因と対応

情緒的な問題を持つ子どもは，概して繊細で感受性が豊かであり，自分を抑えすぎる，または極端に目立つ行動をとる傾向を持つ。前者は自我が弱く，周囲の期待や思いを非常に敏感に察知し自分を周囲に合わせる行動パターンをとる。その結果，**過適応**になる。後者は，不安が高く周囲の注目をひく行動で表す。子どものこのような表現は深い意味があり，見過ごさないように，子どもから出される心のサインとして受け取っていく。

情緒的問題をもつ子どもへは心の根本的"原因"へのアプローチが必要である。指に"とげ"が刺さったときに，痛さだけを和(やわ)らげる薬を塗っても，痛みを取り去ることはできない。痛みを引き起こす"とげ"を抜かない限り，痛みはなくならないのと同じである。図4-2で説明をしよう。我々が見えるのは，行動［例：乱暴をする］である。それが適切な行動［気持ちをことばで伝える］に変わることが目的である。行動をいけない［乱暴はやめなさい］と注意をする（②）だけでは，行動変容は起きない。否定的なかかわりをされた子どもはますます問題行動を示すようになる。親子関係が不安定な子どもであれば，子どもの甘えを受けとめることが必要なことである。従って，保育中に，子どもの甘えを受けとめることを心がける。しかし，［乱暴をした］場面では，適切な行動［言葉で自分の気持ちを相手に伝える］を子どもが学ぶ機会である。最初に，保育士が子どもの気持ちに共感し（①「おもちゃを取られて悔しかったね」），言葉かけをする。子どもは気持ちをわかってもらうと，保育士が教える行動（②「（たたかないで）返してと言おうね」）を学びやすくなる。この時に，説得しようと言葉に頼りすぎないように心がけよう。

表面に現された行動だけに対応すると反って悪化することもある。あるいは，一時的に気になる行動は解消したようにみえても，思春期などに大きな問題として出てくる可能性がある。保育士は人の長期的発達課題を見通しながら，子どもに何をなすべきかを考えていきたい。また，生活年齢だけではなく，子どもの発達状態・ア

図4-2
気持ちの受容と行動変容

（作成：永田陽子）

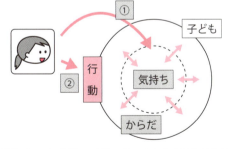

＊見えるのは［行動］だが，その奥にある［気持ち］も観よう。まず，①相手の［気持ち］を受け取ってから，②［行動］への対応をする。

タッチメントの形成状態，心理などを考慮しながら，"今"なすべきことを保育に取り入れていく。

❷ 保育士や親が安心してかかわる

　情緒的問題を起こす子どもは，大人の不安も察知しやすい。保育士は親の話をよく聴き，親の不安を受け取るように心がける。その時に，自分がその親と同じ状況にいるとイメージして聴くと，共感しやすい。保育園での対応が難しい場合には，相談できる機関を紹介し，親が心理相談を受け，保育園生活と並行する方法も有効である。親の不安が減り，行動が変化するからである。また，保育士が気になる親子について専門家のスーパーヴァイズを受けることで，問題に対する理解や見通しを持つと，安心してかかわれる。子どもへの適切な対応がしやすく，子どもの情緒的安定につながっていく。親も保育士も一人で抱え込まず，早めに情緒的問題に詳しい人や専門家に相談し，安心して子どもに向き合いたい。初めて直面することは，わからなくて当然であり，保育士も支援を受けよう。"きちんとせねば"と気負わず，"学ぼう"とする姿勢が大切である。

3　ドメスティック・バイオレンス

● 事例4-7

　ある日，いつもひろばに遊びに来ている千恵ちゃん（1歳8か月児）の母親の顔に青あざがあった。普段から自信なさそうな母親の態度が気になっていたので，保育士は話しかけた。最初，母親は転倒して怪我をしたと言っていた。保育士は千恵ちゃんがママにしがみついている様子にも気づき，母親のそばにいるようにした。周囲に他の親子がいなくなると，母親は夫に殴られての怪我であると話し出した。普段から「料理がまずい」「能なしだ」「誰に食わせてもらっている」などと言われており，自分の努力が足りないからだと涙を浮かべている。

1　ドメスティック・バイオレンスとは

　ドメスティック・バイオレンス（DV）は，配偶者や恋人などの『親密な』関係にある，あるいはその関係にあった相手から振るわれる暴力であり，支配―被支配という関係となっている。まだ，十分にDVは周知されていないので，親しい人からの暴力は仕方がないと我慢をしている人も多いといわ

れている。また、女性の経済的自立が困難な時には、DVをする配偶者との生活を継続する場合もある。離婚調停を申し立てる女性の約30％が配偶者の身体的暴力（最高裁判所、司法統計 2008年）であるという。

DVの種類を表4−1に示す。虐待と同様もっとも表面化しやすいのが殴るなどの身体的暴力である。心理的暴力は、悪口を言うなど相手の尊厳を傷つける言動や脅かしなどが含まれる。また、子どもの前で相手を非難や中傷したり、自分の言いたい中傷を子どもに言わせるなどは、子どもを利用したDVである。経済的な拘束をして、女性が行動できないように制限したり、また、許可したことしか認めない、あるいは行動を管理する行為、いわば"籠の鳥"状態を強いることもある。男女間のことなので性的暴力は深刻である。

DVを受け続けると、自分がいたらないために暴力を受けるのだと思い込み自信をなくし、自尊感情が低くなっていく。いつ爆発するかわからない相手の行動におびえ、自分の感情を押し込めて生活をするようになる。その結果、意欲が低下しうつ的な状態になることもしばしばみられ、暴力から逃れることが考えられなくなる。

DVの種類	内　容
身体的	身体的に傷をつける行為。殴る、蹴る、髪を引っ張る、突き飛ばす、ものを投げつける、首を絞めるなどの暴力をふるう
心理的	恐怖を与えたり、自尊感情を傷つけるなど、精神的な傷を負わせる行為。怒鳴る、ののしる、大声で脅すなどの言動や無視、あるいは「誰に食わせてもらっている」「危害を加える」と脅す。また、子どもを利用した脅しをする。
経済的	生活費を渡さない、職に就くことを妨げるなど。
社会的隔離	外出や人と会うことを制限したり、行動を常時チェックするなど社会とのかかわりを制限する。
性　的	望まない性的行動を強要する、避妊に協力をしないなど。また、ポルノビデオなどを無理矢理見せる行為。

表4−1
ドメスティック・バイオレンスの種類と内容

（夫（恋人）からの暴力調査研究会「DV」2002を参考に作成）

2　DVのサイクル

DVは図4−3のようなサイクルで繰り返される傾向がある。暴力を振るった後に男性は反省し優しくなる（ハネムーン期）が、またしばらくすると緊張が高まり（緊張期）暴力をふるう（爆発期）。往々にして、暴力はエスカレートする。女性は男性が謝るとDVがなくなると期待し、また、子どものために自分さえ我慢をすればと思い、生活を続け暴力が繰り返される。その中で女性はいつ起こるかわからない暴力の恐怖に怯え、事例4−3のように自分が至らないためと思い込みがちで、自尊感情が低くなっていく。その影響は子どもにも及び、不安

図4−3
DVのサイクル

（レノール・ウォーカーモデル 1982）
（山口のり子『愛する・愛される』2004）

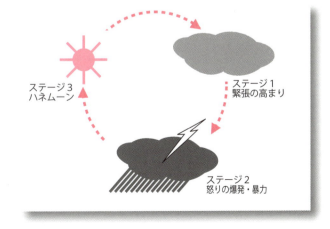

定になったり不適応行動をとる，あるいは成人してから暴力を振るうなど世代間伝達を起こし深刻な問題となることもしばしばみられる。

3 ＤＶの社会的対応

家庭内で起きる暴力は，以前は夫婦間の個人的なこととして社会的には取り上げられなかったが，現在では社会的な援助が受けやすくなってきた。

ＤＶへの対応（図４－４）は各自治体の母子相談員，**女性相談センター**や警察が窓口となる。ＤＶの事態が深刻なときには親子をシェルターなどに避難させる。その後の生活をどのようにしていくか，経済的な自立などの相談を進める。一時的に，生活保護制度を利用する方法も考えられる。最も大切なのは本人がどのようにしたいかを考え決定することである。援助者は判断のための情報や意見は伝えるが，決定はあくまで本人の意志を尊重し，自分の生き方を自分で選び取れるようにサポートする。これらのサポートをする時に，関連機関の連携は不可欠である。

新しい生活をスタートしても，平穏な気持ちで過ごせるまでには，長い時間が必要である。暴力の恐怖から逃れほっとすると，精神バランスをくずす人が多い。

ＤＶの法的制度：
男女共同参画社会の実現に向けて，2001年「配偶者からの暴力の防止及び被害者の保護に関する法律」が制定された。2004年と2007年，2013年に改正をし，配偶者の範囲と保護命令を拡充した。生活の本拠を共にする人まで含め，被害者および同居している未成年の子どもや親族を含めた接近禁止命令とし，また電話等を禁止する保護命令も設けるなど以前よりはＤＶへの法的整備は整えられつつある。

女性相談センター：
各都道府県に設置されている公的な相談機関である。ＤＶの相談や対応を警察や弁護士など関連機関と連携して行う。ＤＶの啓蒙等の活動もしている。

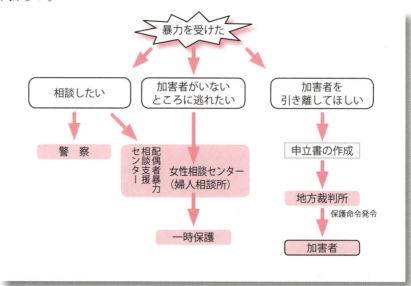

図４－４
ＤＶへの社会的対応

（内閣府男女共同参画局）

④ DV家族への対応

❶ 関連機関との連携

> ● 事例4−8
>
> 　保育士は，地域の女性相談センターに親への紹介の方法を確認し，親への対応へのアドバイスを受け，対応のポイントを把握した。その後，母親に女性相談センターの連絡先を伝えた。母親はセンターの相談員から，母親の受けたことはDVであること，繰り返されるDVのサイクルについて説明された。母親は希望すれば，逃げる手段があることも知った。怪我の写真や医師の診断書を取るなどの証拠を取っておくようにといわれ，保育士も協力した。

　DVへの対応は簡単ではない。時には危険を伴うこともあるので，ひとりで抱え込まず，チームで対応する。DVをする人は社会生活をそつなくこなし，DVをするようには思えないことも多い。一般的に，問題の発生する根っこは深く，表面化するときには相当悪化している。DVへ対応をする女性センターや自治体の母子相談員，警察など公的な機関を紹介したり，保育士が他機関との連携をとることも重要である。

　利用できる社会的制度，経済や離婚時の対応などの相談は各自治体でできるようになってきた。しかし，DVを受けた女性やその環境下にある子どもの心のケアが必要であるが，まだその体制は十分整えられていない。DV被害者は概して高い不安と低い自尊感情を持つ。精神的バランスをくずしている場合にはそのケアが優先である。DVから逃れ，新たなスタートを始めた後も心的外傷後ストレス障害（PTSD）に苦しむ人は多い。街で加害者と似た人をみただけでフラッシュバックが起き恐怖感がよみがえって，混乱状態になる。精神科や心療内科の受診やカウンセリングもあわせて考えていく。また，地域の保健センターでの精神保健相談の利用や保健師との連携も有効である。DVの家族の心理を十分に理解して保育士はかかわる。

　DVをする人もまた，心のケアが必要である。日本では当事者が心のケアを受けられる体制はほとんど整っていない。国のDV加害者更正への歩みは始まったばかりである。民間では専門家の加わった加害者更正プログラムが始められている。自分の体験を同じ悩みを持つ人たちと分かち合い，自分自身を見つめ直す機会となっている。

❷ 園内での連携

　子どもの面前でのDVは児童虐待となる。それ以外にも，DVと虐待はか

心的外傷後ストレス障害（PTSD）：
災害や暴力（犯罪，戦争など），死などにより心身の安全が脅かされる体験後に，強い不安や抑うつを中心とする特有の精神的不安定状態が持続することをいう。

国のDV加害者更正への取り組み：
配偶者からの暴力の防止及び被害者の保護に関する法律は，国及び地方公共団体が「加害者の構成のための指導の方法」等に関する調査研究の推進に努めるよう規定（第25条）。「配偶者からの暴力の加害者更正に関する検討委員会報告書」（平成18年6月）では，諸外国の取り組みが報告された。「加害者更生に係る実態調査報告」（平成28年3月）では，加害者更生プログラムを実施している自治体は1.5％であった。（内閣府男女共同参画局：「配偶者等に対する暴力加害者再生に係る実態調査研究事業報告書」2016）

DV加害者向け更正プログラム：
加害者向けの更正プログラムは，アウェアなど限られた場所でしか実施されていない。（http://www.aware.ca）

なり関連が見られる。保育士にはDVの側面だけからではなく，多面的な見方が求められる。ひとりの保育士では気づかない点があったり対応が困難なので，職員間の支えあいも必要である。また，保育園では，事例4－9のように，DVから逃れて来た子どもを受け入れることもある。DVの加害者は執拗で，別れた後も追ってくることがある。そのような事態に備え，園全体でシミュレーションをしておくことが大切である。親への連絡とその安全を守ること，子どもの安全の確保をしつつ，他の在園児や保護者への被害を防ぐ。また，対応する職員の安全確保も念頭に置く必要がある。

● **事例4－9**

　父親から母親へのDVで逃げてきた4歳児のかおりちゃんと2歳児のケン君は，転居先の新しい地域で保育園に入園した。1年が経ち園生活に慣れ，子どもらしい笑顔がみられるようになったと母親と話をしていた頃である。突然，父親が保育園に来て子どもを渡すように言いだした。DVでの離婚であることを知っていた園長が父親に対応した。その間に，担任は子どもが父親と顔を合わせないようにかくまった。主任は，母親に連絡を入れ，身の安全の確保や警察への要請，子どもは保育園で守り必ず母親の元に戻すことを伝えた。

住基保護法：
住民基本台帳法（第11条，12条，20条）により，DVやストーカー行為等，児童虐待及びこれらに準ずる行為の被害者の申し出により，住民票の写し等の交付等を制限できる。

　住基保護法で守られていたにもかかわらず，元夫が母子の転居先を知るところとなり，事例4－9のように父親が突然保育園に来た。保育園内のチームワークと関連機関との連携により，母子や在園児，職員の安全は守られた。保育園の適切な判断で，子どもは一時警察に保護され，母親の元に戻された。しかし，母子はやっと馴れた地域から再び別の地域への転居を余儀なくされた。新しい地域になじむ苦労だけでなく，再度同じことが繰り返されるかもしれない恐怖を抱えながらの生活は高い緊張感を持つ。

第4章　特別なニーズを持つ家庭と援助　73

4 ひとり親家庭

　ひとり親家庭は，離婚や未婚の親あるいは死別などさまざまな事情によっ
て一人で子どもを育てている家庭である。ひとり親家族に関して，社会的理
解は十分ではない。

> ● 事例4－10
> 　3歳児クラスの祐ちゃん（3歳5か月）は，両親の離婚後，1歳児の
> 秋から保育園に通っている。入園当初は保育士の近くに常にいて，大き
> な声や音がすると保育士にしがみつく姿が印象的だった。2歳児になっ
> て子どもと遊ぶ姿が見られるようになった。自分から友達を誘うことは
> なくトラブルはほとんどなかった。3歳前後から急に泣き出したり，自
> 分の思う通りにならないと物を投げるなどがでてきた。以前は時々母方
> の祖母が迎えに来ていたが，現在はファミリーサポートのサポーターが
> 来ている。母親は手のかからない子だといつも言っている。母親のお迎
> えの時にはスムースに帰るが，サポーターのお迎えの時にはぐずってな
> かなか帰ろうとしない。

離婚率の変化：
1970年頃までは，離婚率（人口千人対）が1.0を下回っていた。その後，上昇傾向にあり，2017年には1.7（婚姻件数約60.68万件，離婚件数約21.22万件）である。（厚生労働省「人口動態統計2017年」）

❶ ひとり親家庭の置かれている状況

　ひとり親を自ら選択する人もいるが，多くの場合はそうではない。日本で
は家族というと血縁関係のつながりを重視し，両親が揃っていてあたりまえ
との見方が強くある。周囲からは"ひとり親"や"離婚"事態がマイナスと
みなされ問題視されがちである。当事者の責任として，"がんばる"ことが
社会的に求められ，ひとり親家庭の親にも子にも社会的な無言の圧力がまだ
ある。このような社会の理解の不十分さによって，親は一人で子育てをする
さまざまな大変さに加え，精神的な面でも相当負担がある。
　また，子どもは大切な親を失い生活が変化する。不安な思いを抱えて生活
をしているが，その気持ちを親には出しにくいこともある。保育士は，これ
らの家庭を十分に理解し適切な援助につなげたい。

❷ 喪失体験と心のケア

　理由はいずれにせよひとり親になったことは，思い描いた理想の家庭像や
結婚生活を失うという大きな喪失体験である。親は，その喪失体験に伴う怒
りや悲しみ（図4－1　p.60）に向き合うゆとりもないまま，現実の生活に

エネルギーを注がなければならない。子どもがいればなおさらである。自分の傷つきと現実の生活で頭がいっぱいで，子どもの心も傷ついていることに思いを至らせるゆとりは親には持てない。

アメリカでは離婚や死別などの喪失体験をした人とその子どもの心のケアの必要性が捉えられている。S.マルタは喪失体験をした子どもが心の傷をかかえたまま大人になることがないように，心のケアプログラム「レインボウプログラム」を開発した。

1995年阪神・淡路大震災以降，PTSDがクローズアップされ，災害時の心のケアが徐々に取り上げられるようになった。しかし，日本では離婚などの喪失体験後の心のケアの必要性はまだ理解されてはいない。喪失体験を持つ親子は怒りや悲しみを抱えて当然であること，また，その感情をわかちあうプロセスが不可欠であるとの認識をもって親子にかかわりたい。

> **● 事例4－11**
>
> 保育士は母親と話し合いをもった。保育士が入園当初，緊張していた祐ちゃんが最近では感情をぶつけると話すと，母親は不満そうな表情をしていた。祐ちゃんが安心し本音を出せるようになったので，保育士は嬉しい。これから感情の適切な出し方を教えていきたいと考え方を伝えると，母親の表情が和らぎ「よろしく」と言い，ひとりで育てていると不安や戸惑いがあり，落ち込むことがあると心情を話し始めた。育児の迷いや落ち込むことは当然で，そのようなときには話しかけてほしいと保育士は伝えた。また，本に書いてあった"親を失った子どもがもつ感情"についての情報を知らせた。母親の一生懸命な思いを保育士は感じ，母親と共に祐ちゃんを育てていける気持ちになり，今まで以上に保育にやりがいを感じた。

❸ 相談できるところ

ひとり親の相談は，自治体にある『母子相談』の窓口や社会福祉協議会などでできる。ひとり親は経済的なこと，住居，健康保険や児童手当など諸手当について，法律的なこと，就労するために子どもを預ける制度などさまざまな面で，情報が必要である。

また，最近ではひとり親の経験者が体験談を書いた本や**インターネット**からも情報を得られる。また，ひとり親経験者が作る自助グループの活動もある。

上記のように，社会で利用できる制度の紹介などハードの面の対応はできてきたが，"心のケア"に関しては，全くといってよいほど社会的な対応は準備されていない。従って，保育士は，ひとり親の思いを理解し，保育士に

レインボウプログラム：
アメリカのS．マルタによって開発された離婚や死別などの喪失体験をした人とその子どものための心のケアプログラム。自分の怒りなどの感情に気づき，その表現の仕方を学び，自分を受け入れると同時に親をも許していくプロセスを同じ境遇の仲間とともに分かち合う。守られた場と人とのつながりの中で，仲間が自助グループの働きをも持つ。（NPO法人子ども家庭リソースセンターパンフレット「レインボウプログラム」）

離婚をした親と子どものための絵本：
『ココ，きみのせいじゃない』『パパ，どこにいるの？』は子どものもつ疑問や大人にも必要な知識が書かれており，当事者および援助者にも参考になる。
『おうちがふたつ』は別れて暮らしても，子どもにとっては大切な父と母である。両方の家を行き来して育っていく子どもを描く。日本では，親との面接権への理解はまだ一般的になっていないが，一緒に住まない親と会うことはDV等の場合を除き子どもの成長に必要である。

インターネット：
ITは時間に縛られずに情報を入手できる有効な方法である。（財）東京都母子寡婦福祉協議会（http://www.tobokyou.net）は東京都から委託され，母子家庭等就業・自律支援センターを運営する。また，しんぐるまざーずふぉーらむ，しんぐるふぁざーずふぉーらむなどのキーワードでひとり親の自助グループの活動や関連図書などの検索が可能である。

第4章　特別なニーズを持つ家庭と援助　75

向けてきた感情を受け取ることやカウンセリングを受けられる機関の紹介
も，時には必要となる。

4　家族への対応

　心のケアがなされないまま生活を続けていると，本人も思いがけないとき
に怒りなどの感情が形を変えた状態で表出する。現れ方が唐突でその場の状
況とそぐわないときには，周りの人には理解しがたい行動と捉えられ，本人
も再度傷ついてしまう。子どもの場合は，年齢によって表4－2のような感
情の表し方をする。喪失体験をしたときに表される行動の意味を十分に知り
ながら，相手と向き合えるようにする。

　保育士は，表面的な行動に振り回されず，不適応な行動や理解しがたい行
動を引き起こす心のありようを思いながら，対応をしていく（図4－2参照）。
「この行動で訴えたいものは何なのだろう」と考えてみよう。乱暴などの行
動で示す子は，大人の気づきやすい形で表現できる力のある子どもである。
心配なのは，外に表現をせず，誰かに助けを求めることをしない，できない，
あるいはあきらめてしまう子どもや親だ。それらの子どもは往々にして表情
に乏しく，感情を表すことが少ない，あるいは「どうせ自分なんか……」と
投げやりな気持ちになっていることもある。

　自分の気持ちを無理に心の奥に閉じ込める，あるいは不適切な表し方をす
ると，深い傷として心に残る。心と一致した行動ができるように援助したい
ものである。日本人は感情を抑える傾向をもつが，保育士が心をこめ，相手
の気持ちに寄り添って話を聴くと，喪失に伴う気持ちは少しずつ軽くなる。

18か月から3歳

子どもの反応	両親・養育者の対応
・いらいら ・しがみつき，愛情要求 ・毎日いない方の親を求める ・身体的な攻撃；ぶつ，かむ	●たっぷり抱き上げ，抱きしめる養育 ●愛情の一貫性を保つ ●日課の一貫性を保つ ●敵意や不満の適切な解消の仕方を教える

3歳から6歳

子どもの反応	両親・養育者の対応
・行動の退行；おねしょ，指しゃぶり ・いらいらしやすい ・攻撃性と敵意 ・養育者でない親が帰ってくるという空想を持ちつづける	●関心を向ける，いっしょに過ごす ●抱きしめながら育てる ●敵意，攻撃性を解消するための方法を教える

（マルタ『シングルシンフォニー』2000より）

表4－2
深い悲しみの子どもの表
現と大人の対応

5　ステップファミリー

> ● **事例 4 − 12**
>
> 　寛くんは 7 歳の小学 1 年生，2 歳のときに母親が離婚した。その 3 年後母親は再婚し，妹麻里ちゃんが誕生したステップファミリーである。1 歳の妹の世話をしたりお手伝いもして優しいお兄ちゃん振りを寛くんは発揮している。最近，学校で友達とのトラブルを起こし，親が呼ばれた。父親に叱られた寛くんは，その後言うことをきかなくなり，母親からも叱られ父親の言うことをきくように説得される。その頃から親の見ていないところで麻里ちゃんをたたいたりするようになってきた。

1　ステップファミリーについて

　離婚の増加と共にステップファミリーも増加していると推測される。しかし，ステップファミリーに関する情報は少なく，親も保育士も試行錯誤をしているのが現状であろう。

ステップファミリー：
血縁のないきょうだいや親子関係を含んだ再婚や事実婚の家族。

　家族それぞれが喪失体験を持ちながら，新たな家族を作るのがステップファミリーである。当然，今度は失敗しないようにと親は希望をもつ。お互いに最初は気負いもあり，遠慮しながらの生活が始まる（夢のスタート期：図 4 − 5）。この時期は比較的衝突は少ない。生活に慣れると同時に意見の違いが表出し，紆余曲折する"途中の戸惑いの時期"となる。相互に意見を伝えあい，価値観を調整していく。その時期を過ぎ家族が徐々になじんでいく（家族の結束が固くなる時期）。家族が緊張せずになじむまでに平均 7 年かかるといわれている。しかし，概して，親は子どもが継の親に早くなれることを望み過ぎる傾向がある。一緒に住んでいなくても，子どもにとって実の親も大切な存在である。子どもには継の親を実の親同様「お父さん」「お母さん」と呼ぶことは簡単なことではない。子どもの喪失体験時の心理も加味していかないと，親子の心のすれ違いが子どもの不適応行動を引き起こし，親子の溝を深める。子どもが不適応な行動で訴えるほど，親は言うことを聞けない子どもを受容することが困難となりがちである。親だけでなく子どもの成長にも多大な影響を与える。

❷ 家族への対応

● 事例 4 − 13

　悩んだ母親は，麻里ちゃんの担任の保育士に相談した。保育士は母親の心配をよく聴き，保育園での最近の麻里ちゃんの様子を伝えた。ステップファミリーのパンフレットを渡し，新しい環境になれるのには一般的に平均 7 年かかるなどの情報を伝えた。母親は自分があせりすぎていること，かわいい盛りの妹に大人の目が行き，兄を我慢させることが多いのに気づいた。

　新しいパートナーを気遣うために，実子との関係を後回しにしがちである。それを子どもは敏感に感じとり，様々な行動で訴える。自然体で家族が過ごせるようになるのには，実の親子関係，パートナーとの関係，そして実子とパートナーとの関係などそれぞれの関係を大切にすることが必要である。また，家族で一緒に料理をつくるなどの簡単なことを共有し，家族全員での新しい経験を重ねていく。これらのことが新しい家族をなじませ，家族それぞれの居場所ができるのである。最近，ステップファミリーに関する本や絵本が出版されている。保育士はステップファミリーについての知識を親に伝えたり，親の悩みをよく聴く。また，絵本をクラスで読み子どもたちと共有するのも良い。

ステップファミリー関連図書：
【親や援助者向けの本】
●『Ｑ＆Ａ　ステップファミリーの基礎知識』はステップファミリーの知識が書かれており，その理解を深め，対応の参考になる。
【子ども向けの本】
●『ステップキンと 7 つの家族−再婚と子どもをめぐる物語』は親の離婚に悩み，再婚家族との新しい生活にとまどう子ども達に，悩みは当然，でもきっとうまくやれる方法があるよ，とステップキンが語りかける。

夢のスタート：新しい家族の始まり
　　第 1 段階　夢と期待に満ちている時期
　　第 2 段階　現実と直面し始める
　　第 3 段階　はっきりと現実に気づく

途中の戸惑い：「家族」がみえてくる
　　第 4 段階　家族内のずれや対立が噴出する
　　第 5 段階　新たな家族の共同

固くなる結束：家族がなじんでいく
　　第 6 段階　継の親子関係が親密になりつながりが深まる
　　第 7 段階　自然体で家族が生活できる

（ＳＡＪ『The Handbook for Stepfamilies』2002 を参考に作成）

図 4 − 5
ステップファミリーの発達段階

6 里 親 家 庭

❶ 里親家庭になじむまでの心理

様々な事情により家族と暮らせない社会的養護が必要な子どもは，児童養護施設または里親の元で過ごす。子どもを家庭で養育する里親は３種類に分類されている。養子縁組を目的とせず一定期間家庭で養育する『養育里親』と養子縁組を目的とする『養子縁組里親』と親族が養育する『親族里親』である。養育里親で子どもを預かる期間は，長期休み等の比較的短期間から，時には成人するまで等の長期間の場合もある。災害や事故等で親を失い，祖父母等の親族の家庭で育つのが親族里親である。

子どもは里親家庭で生活を始めるまでに何回かの喪失体験をしている。親，そして一時的にせよ生活を共にした養護施設の職員や親しい友人，慣れた場所からも離れなければならない。安定した心の土台を作るべき時期に，子どもは別離のたびに深く傷つき喪失体験をする。その中で，子どもは誰を信頼してよいかわからない不安や突然，状況が変化する心配を抱える。

子どもが新しい養育者に出会ってから，馴染むまでの心理と行動は表４－３で示す。自分をいつまでも見捨てず，ありのままの存在を認めてくれる信頼できる人を求め続けるプロセスとも捉えられる。出会いの最初は，緊張感があり，自分を抑え相手に合わせる行動をとる。従って，"素直でいい子"と周囲は感じる。家庭での生活が始まり，少し馴れて来た頃に，いわゆる"ためし行動"が出てくる。それは，安心感を持ち始めたサインでもあるが，往々にして不適切な行動として表わされる。例えば，友だちと遊びたいのに，相手がいやがる言葉を言ったり叩いたりする。集団生活では，やってはいけないと言われることをする，落ち着きがないなどである。従って，周囲とのト

表４－３
里親になじむまでの子どもの心理と行動

（作成：永田陽子）

時　期	子どもの心理	子どもが表わす行動の傾向
出会いの頃	緊張感，再び別離にならないか不安	相手に合わせる，自分を抑える，トラブルなく，いい子に振る舞う
生活を始め多少なれた頃	安心感を感じ始める，ずっと繋がりたい思いと離れてしまうだろうとの矛盾した思いの不安，感情が不安定	ためし行動，乱暴な言葉や行動・注意される不適切な行動等で人の注目を引こうとする，大人の視線を気にする，否定的言動などトラブルになりやすい
生活になじみ溶け込んだ頃	安心感を持つ，自分の感情をありのまま感じる，飾らず素の自分でいられる時が多くなる	子どもらしい振る舞い，甘えが上手に出せる，感情を適切な出し方で表現する

ラブルが多く，注意される事が頻繁になりがちである。また，甘えを受けとめようとすると"甘えたい"のに拒否するなど複雑な表し方をするときもある。大人の視線を気にしながら行動するのもこの時期である。子どもはそれだけ大人が自分をどう見るか，注意されないかを気にしている。相手が自分を受容し続けてくれるのかを，無意識的に確認しているのである。

　揺るがない安心感をもち適応的な行動を学んで，人と肯定的なつながりが持てるようになると，子どもの心は安定してくる。子どもが自分の感情の出し方，人との肯定的なつながり方を習得すると，周囲から認められることも増える。大人の視線を気にせず，自分のやりたいことに集中することができ，達成感や充足感のある生活が送りやすい。しかし，安定したように見えても，自分の産みの親の告知やその親との面会などで，再度心は揺れ不安定になることもある。安心と不安を行きつ戻りつしながら，徐々に安定感を持っていく。血の繋がる親と育ての親の存在を受容し，自分のアイデンティティを確立していく。

❷　家族への対応

　子どもが安定した愛着対象と結びつき心理的な発達課題を順次達成し，社会的適応力をつけていくことが目標となる。何度も繰り返された喪失の経験を持つときには，人を信頼できるようになるのは簡単ではないことを支援者は十分心して，対応をしていく。よかれと思ってとった行動が子どもには逆効果となり，子どもの傷つきを深める事態になることは極力避けなければならない。

　子どもの表わす不適切な行動は，子どもの不安や怒り等の感情の表れと捉え，できるだけその感情を受容することに努めよう。困難な行動へのかかわり方（図４－２）で示すように，まずは子どもの感情を受容し，それを言葉で伝える。それから，適切な行動を習得できるようにかかわる。子どもの行動を変えたいと，不適切な行動の注意をしても行動変容は期待できない。逆効果となり，ためし行動が長びいたり，安定した愛着形成が困難になる。子どもが楽しんでいることやできたことは認めていく。認められると，肯定的に自分の力を発揮しやすくなる。また，子どもが感じている不安等を共有し，受け取った感情の言葉かけを心がけよう。保育士の言葉がけから気持ちを表現する言葉を学ぶと，相手に伝えやすくなるからである。それだけではなく，自分の気持ちを理解してくれる保育士への信頼が高まり，子どもはその保育士を行動モデルとするので，さらに学習が促進される。

　里親は，家族が増える喜びと，やっていけるだろうかとの心配を持ってスタートする。子どもの心理等については事前に学習をしているが，実際の事

態に直面すると戸惑いを感じるのは当然である。子どもの示す行動は一般的な発達なのか，特別な養育状況によるものかの判断やその対応に保護者は迷う。里親は子育てをする一般の親以上に育児仲間を得る事が困難で孤立しやすいことを，保育士は理解して支援する。保護者の話をよく聴き，時には，一般的な育児の知識を伝える事もある。しかし，上述したように，子どもは深い傷つきを持っているために，簡単には子どもの行動変容にはつながらない。保育士は，保護者が子どもを愛し根気よく子どもにかかわり育児をしていることを認めていこう。

7 日本で子育てをする異文化（外国籍）の家族

－日本で子育てをする家族に情報の提供ができるシステムを考えよう

● **事例4－14**

　東京の2月の1歳6か月健康診査時に，厚手のキルティング製，足元までくるむ長い服を着たケイちゃんが来た。赤ら顔で汗をかいている。体重測定のために，その長い洋服の下の長袖・長ズボンを脱ぐと，さらに厚手の長袖の下着とズボン下をつけていた。洋服を脱ぐとケイちゃんは体が自由になり，あちこちを探索し始めた。母親は，後を追い掛けながら叱っているが，ケイちゃんは好きな方に行っては珍しいものをいじっている。台湾人の母親は，暖かい場所で育っているので，日本の冬は寒く感じ，子どもに風邪を引かせないようにとの親心で厚着をさせていたのだ。健診のときまで，この母親には日本での育児について相談できる人がいなかった。

外国人登録者：
1977年には80万人弱であったが，その後増加し続けている。その国籍は，中国，韓国や東南アジア圏の人が多数を占めるが，世界情勢で変動する。

　日本に住む**外国人**は約263万7千人（2018年6月末現在，法務省入国管理局）と過去最高となっている。その国籍は194か国に及び，中国，韓国，ベトナム，フィリピン，ブラジル，ネパールの人が圧倒的多数を占めている。近年ではインドネシア，台湾，インド国籍の人も増えている。日本に住む外国人は，国の政策により今後増加することが予測され，その子育て家庭支援は今以上に必要となるだろう。

第4章　特別なニーズを持つ家庭と援助　　81

子育ての悩みは世界共通

> ● 事例4－15
>
> 　母親は子どものために一生懸命だが，育児仲間がなく孤立した育児である。日本人の父親は育児に非協力的である。手伝って欲しいと言う母親に，日本では家事育児は女がやるものと父親は言って手伝わない。子どもの発達を知らない母親は，ケイちゃんに「～しなさい」「～やってはだめよ」と注意をするばかりで，ますます親子関係がこじれている。
> 　**子育て世代包括支援センター**の保健師がキーパーソンとなり，関連機関が連携をとって，図4－6のような援助を行った。ケイちゃん親子の状態に応じて，地域の子育て世代包括支援センター，保育園，児童館がそれぞれの機能を発揮した。

子育て世代包括支援センター：
第5章／コラム「地域で心理相談や子どもの発達相談のできるところは？」（p.90）参照

```
子育て世代包括支援センター　1歳6か月児健診
    ●保健師が保育園に連絡，連携をとる
     親子グループへの参加（遊びの習得，グループで他児の親
     と話す）
    ↓
保育園に依頼し，親子での保育参加を設定
    ●保育士が親子をサポートする
     親子が保育参加（同年齢の子どもの遊びや声かけ，食事の
     介助の仕方などを学ぶ）
    ↓
児童館の外国人サークルを紹介
    ●保育士が保健師に親子の状況を連絡，児童館と連携
     外国籍の子育てサークルに入り，育児仲間と出会う
     （育児の孤立の解消，育児情報や相談相手を得る）
```

図4－6
支援の流れ

　日本で生活し子育てをする外国人の子育てへの戸惑いは大きい。気候，文化や子育て観の違い，パートナーとの価値観の違い，周囲に祖父母など育児の手助けをしてくれる人がいない，情報の入手ができないなどの状況を抱えるからだ。母親が外国人で日本語，英語を話せず読めないで子育てをする時には，さらに困難を伴う。周囲の協力がなければ情報も入らない。自分の親族が日本で生活している人はまれで，身内の協力はもちろん言葉を通じ合える同国人の知り合いもいないまま，孤立した育児が行われる。母国の親に電話で相談しても，返ってくるのは母国での育児の仕方である。したがって事例4－14のような，日本の気候には合わない育児がされる。このように日本で生活をする外国人は，孤立した育児に加え，言葉が壁になり，なかなか必要な情報や支援にたどり着かないのが現状である。

2　情報の提供

　日本で育児をする異文化の親にとって，情報の入手は非常に大きな意味を持つ。育児の仕方がわかると安心して子どもに対応できる。子育ての知識や日本の育児文化等は言語やイラスト，映像等も駆使して伝えるよう努めよう。育児仲間は孤立を予防し，困ったときに援助を求められる。親が他の人とつながると，子どもも様々な人との出会いを経験し言葉の習得や社会性が育つ。こうして子どもも日本の社会に適応しやすくなる。

　必要な情報を確実に親に伝えるには，母国語を使うとよい。例えば，地域の「日本語を学ぶ」講座に参加すれば，親自身が言葉を習得し仲間を持てる。しかし，日本語で書かれたチラシでは講座の内容が外国人にはわからない。地域の子育て支援の活動，子育て中の人が利用する施設‐保健センター・病院・児童館・保育園・幼稚園・児童クラブ・公民館など‐の活動場所や日時，内容を知らせていく。この時，地域の施設や情報を翻訳したパンフレットが必要となる。図4－7は利用者の親の協力で作成した外国語を付記したパンフレットである。きれいなできあがりでなくても，母国語があれば情報を外国人利用者に届けられる。また，日常の生活のことは身振り手振りで伝わるが，病気など特別なことは通訳が必要である。自治体の国際交流部門やボランティアセンターなどに問い合わせると，通訳が探せるだろう。個人的な内容を話すときの通訳は内容を守秘できる人にお願いする。

図4－7
外国語を付記したチラシ
（ひろば利用者の外国人ママの協力で作成された：子育てひろば・北区）

外国語での相談：
東京都保健医療情報センター（ひまわり）では，中国語，韓国語，タイ語，英語，スペイン語の外国語で受診できる医療機関・日本の医療制度の案内などの相談ができる。
毎日：9：00～20：00
TEL：03-5285-8181
また，医療機関が事前登録をすれば，外国人の救急外来患者の通訳サービスもある。
（東京都福祉保健局
（https://www.himawari.metro.tokyo.jp/））

3　孤立を防ぐ

　日本で育児をする外国人も子育て仲間を得ることで孤立予防ができる。悩みを話し合い，他の人の子どもへのかかわり方を見て日本の文化を理解し日本での暮らし方が習得できるであろう。保育士は出会いのきっかけを作る。例えばグループ活動に誘う，個々人と保育士が話をして次に皆で話す機会を設ける，あるいは外国人の料理教室やその国の子どもの遊びを教える会など，相手の文化を紹介できる機会を作ることもできる。外国の文化にふれ，日本人も自分の文化や自分自身を見直す機会となり，国際理解や平等の意識も身につけられる。

　また，困った時，聞きたいことを友人や頼れる人，尋ねるところがあるのは心強い。保育士が常時対応はできないので，相談可能な保健センターを紹介したり，市民との出会いをつくる役割を取る。

第4章　特別なニーズを持つ家庭と援助　　83

４　母国語で話せる仲間づくり

　日本人は，日本語で話すのが当然と思い生活をしているので，言葉が通じない不自由さを推測し難い。しかし，自分の思いを相手に伝えられない気持ちは，自分の存在感さえ薄れていくような感じがする。おもちゃを取られた小さい子どもが「返して」と言えずに，相手をたたいてしまう心境に似ている。言葉が通じる仲間に会ったときのほとばしる思い，それを話した後の気持ちの軽さは，同じ立場になれば，誰もが体験するであろう。

　保育士が相手の国の言葉を話せるに越したことはないが，話せない場合には，知り合いの同国人，あるいは保育園やひろばを利用する同国人を紹介するのもひとつの方法である。このとき，最初から住所を教えるやり方は避ける。お互いの相性があるので，出会いはできるだけ公的な場所を選んだほうがよいだろう。

　できるだけ，その人の持つ文化や言葉を大切にしながら，日本になじんでいけるような支援をしたいものである。

● **コラム　《外国人のボランティアを探そう！》**

　地域の子育て関係の施設の利用案内，パンフレットなどを各国語で訳したものを作ると，子育て中の外国人に情報が届く。

　地域に住む外国人で，子育て中の方を援助したいと思っている方との共同作業で翻訳をするのはどうだろうか。ボランティアをしてくれた方も外国での地域作りに参加できるし，いろいろなところで地域の活性化が起こる。

● やってみよう

❶ あなたの住んでいる都道府県では，外国語で相談ができるところがあるだろうか。何語で相談できるか。どのような時間にオープンしているだろうか。

❷ 日本で子育て中の外国人は，どのような情報を知りたいだろうか？話し合ってみよう。

❸ 外国人に子育ての情報を伝えるのは，どのような方法があるだろう。話しあいながら，いろいろなアイディアを出し合ってみよう。

❹ 子どもの相談を日本語と英語でしてみよう。そのとき，自分の気持ちはどちらの言葉で相談したほうが，相手に伝わったように感じるだろうか。

●参考文献・図書●
①ウォーカー，レノア，E.　斎藤学監訳，穂積由利子訳『バタードウーマン』金剛出版　1997
②「夫（恋人）からの暴力」調査研究会『ドメステック・バイオレンス（新版）』 有斐閣 2002
③河合隼雄『こころの子育て−誕生から思春期までの48章−』朝日新聞社　1999
④杉原一昭監修，渡邉映子・勝倉孝治編『はじめて学ぶ人の臨床心理学』中央法規　2003
⑤ SAJ（ステップファミリー・アソシエーション・オブ・ジャパン）『The Handbook for Stepfamilies （ステップファミリーのためのハンドブック）』2002
⑥日本ＤＶ防止・情報センター編『新版ドメスティック・バイオレンスへの視点　夫・恋人からの暴力根絶のために−』朱鷺書房　2005
⑦野沢慎司他編『Ｑ＆Ａ　ステップファミリーの基礎知識』明石書店　2006
⑧信田さよ子『ＤＶと虐待家族の暴力に援助者ができること』医学書院　2002
⑨番敦子・中山洋子・根本真美子『Ｑ＆Ａ　ＤＶってなに？』明石書店　2005
⑩内閣府『配偶者からの暴力の加害者更正に関する検討委員会報告書』内閣府　2006
⑪堀内勁他『カンガルーケア』メディカ出版　1999
⑫マルタ,S，子ども家庭リソースセンター訳『シングルシンフォニー』小学館スクウェア 2000
⑬ Mallch,S『母・乳児とコミュニケーション的音楽性』Macarthur Auditory Research Centre Sydney University of Western Sydney Macarthur　2006
⑭山口のり子 [アウェア]『愛する・愛される　デート DV をなくす若者のためのレッスン７』梨の木舎　2004
⑮法務省入国管理局報道発表資料2018年9月19日（2018年6月末現在在留外国人数について）
⑯厚生労働省「平成30年（2018）人口動態統計の年間推計」2018年12月21日
⑰最高裁判所　司法統計　2008
⑱内閣府男女共同参画局「配偶者等に対する暴力加害者再生に係る実態調査研究事業報告書」2016
⑲東京都福祉保健局（https://www.himawari.metro.tokyo.jp/）
⑳NPO法人子ども家庭リソースセンター「レインボウプログラム」パンフレット
●絵本●
①ヴィッキー・ランスキー，中川雅子訳『ココ，きみのせいじゃない−離れて暮らす事になるママとパパと子どものための絵本−』太郎次郎社　2004
②ベス・ゴフ文，スーザン・パール絵，日野智恵・日野健訳『パパどこにいるの？』 明石書店 2006
③ローリーン・クラスニー・ブラウン文，マーク・ブラウン絵，日野智恵・日野健訳『恐竜の離婚』明石書店　2006
④ペギー・ランプキン，中川雅子・永田智子訳『ステップキンと７つの家族−再婚と子どもをめぐる物語』太郎次郎社エディタス　2006
⑤クレール・マジュレル文，カディ・マクドナルド・デントン絵，日野智恵・日野健訳『おうちがふたつ』明石書店　2006

（永田陽子）

第5章
子どもの精神保健とその課題

　子ども達は家庭や社会環境の影響を受け，発達している（第2章，第3章）。その影響が子どもの受け取れるキャパシティを越えた時，子どもは多様な行動で心の問題を表現する。本章では，子どもの行動の意味を読み取り，心の発達をどのように支えるかを学ぶ。

　1「子どもの心の理解」では，心の問題を捉え発達を支える時に必要な全般的な知識と考え方を示した。次の2～5では，乳児期，幼児期，児童期，青年期の各時期の精神保健について説明している。それぞれの発達段階に表われやすい行動とその捉え方や対応について，心理学的観点を入れながら記述した。保育士がかかわる機会は多くはない児童期と青年期の精神保健にも触れた。人の発達は連続的であり，乳幼児期のかかわりがその後の発達にも関連することを知ることや担当児の親・きょうだいの理解と対応に活用して欲しいとの考えからである。6「喪失体験による問題と対応」では，離婚等で親を失った時，ともすると忘れられがちな子どもの心理や対応を取り上げ，適切な時期の支援ができるようにした。また，最近増えている自然災害やそれに伴う事故時の心理と対応は別立てで記述をした。7「児童虐待」では，その知識を持ち，家族の支援をして予防にも役立てて欲しい。理解が難しく対応に困難を要する8「発達障害」だが，本著では簡単に触れるにとどめた。

① 子どもの心の理解 ─ 子どもの行動の意味を読み取る

❶ 成長段階と精神発達課題

　人は，生理的欲求や安全・愛情欲求，他者とつながりや認められたいなどの基本的な欲求を誰もがもつ。それらが充足されると，さらに自立や独自性への欲求をもち，真実の追究など人間としての尊厳を求めて生きる（**マズロー**）存在である。子どもが自己受容をし安定した心の大人に育つために，各成長段階での発達課題を**エリクソン**は示した（第1章　表1－1）。しかし，何らかの原因で各時期の発達課題が十分に達成されない場合に，子どもは身体症状や行動として表わす。行動は同じでも，原因が異なる場合もある。心の状態は目に見えないだけに把握する難しさがあるが，できるだけ早期に適切な対応が求められる。心理的な状態がこじれると，問題が複雑化・深刻化し行動変容が困難になるからである。乳児期に愛着が十分に形成されないまま，幼児期，学童期となり，そのままその人の不安定な愛着スタイル（岡田尊司　2011）として固定化することもまれではない。家庭の機能を理解し（第2章①）第3章で取り上げた社会状況を考慮したうえで，個別の家庭の環境を合わせて，子どもの理解に努める。子どもの行動の意味を読み取れる力を持つことが子どもの心の受容，そして心身の健康な成長を支える保育につながる。

> **マズロー：**
> （1908－1970）アメリカの心理学者。マズローは人の欲求を5段階で説明した。生理的や安全，愛情欲求からなる基本的欲求と人間らしさを求める（承認と自己実現欲求）成長欲求である。

❷ 子どもの心の訴え方

　人は感情や価値観をもとに行動する。子どもは感情の表し方や価値観を日々学習しているのである。保育士は，子どもがそれらを学ぶ時の適切な支援者でなければならない。子どもの行動の意味を読み取る力をつけていこう。

　表5－1は，子どもの心の訴え方の段階を示す。相手に気持ちを受け取ってもらえないと，子どもはその表し方をどんどん強めていく。第一段階では，不快な感情を泣く，言葉で伝えるなど誰もが用いる方法を使う。受容される経験ができると，その表現法が定着していく。

　しかし，要求を普通の表現で訴えるが受け取ってもらえないと，激しく泣くなどで表わすようになる。訴え方が強くなるのである（第二段階）。大声や乱暴な口調で言った時に相手が応じることを体験すると，最初から怒鳴り声等強い表現でかかわりを求める。それに対し周囲は叱責し，子どもの不適切な行動を正そうとするが，子どもは"大人の注目を引ける方法"として学

習する。その後，適切な表わし方を習得できなければ，繰り返し同じ行動をとる。受容されない経験をさらに積むと第三段階目になる。相手への攻撃や傷つける行為で感情を表わすのである。相手は攻撃を避け子どもから離れていくので，本人の人と繋がりたい要求は満たされず不満や怒りを膨らませる。たとえ不適切な行動であっても，その時の自分の気持ちを表現できる力を持つ子どもである。大人への希望や信頼があるから表現しているのである。その行動を『気持ちをわかって欲しい』心の訴えとして理解する。子どもの気持ちは受容しつつも，保育士は不適切な行動の固定化を予防する。同時に，適切な行動を学べるように保育をする（第4章 2 - 3 参照）。

　さらに，その存在を否定され無視され続けると第四段階になる。あきらめ，落胆し気力が持てなくなる。この段階になると，意欲を持つことが困難になり，回復には相当のエネルギーが必要となる。

段　階	子どもの表現	具体的な表現の例
Ⅰ	サインを出す	泣く，ぐずる，動作で示す，言葉で言う
Ⅱ	サインを強く出す	大泣き，大声，奇声，片時も離れない
Ⅲ	攻撃する	相手を傷つける，物を壊す，困る行動をする
Ⅳ	あきらめる	表情がなくなる，無気力となる，絶望する

表5－1
心の訴え方

（Rainbows「ファシリテータートレーニングマニュアル」を参考に作成）

3　気になる行動への対応の考え方

　子どもの気になる行動は，何らかの原因で，心身に不調をきたしていると考えられる。その原因に応じた対応が望まれる。原因として，図5－1に示す5項目を考えていく。

　まず，『病気』あるいはその前兆の可能性を考えてみる。心と身体は相互に影響をしあっており，体調が悪い時に，心理的な不調を来たす。我々が発熱していると，不機嫌になるなどである。その時には，心理的なケアよりも，体調の回復を優先していく。次に，『障害』によって引き起こされていないかを考える。特に，乳幼児期には，障害の診断がついている子どもは少ない。保育をしていて，障害がわかり治療や療育につながる場合もある。保育士は，各障害の状態や行動特徴を把握していると，医療機関につなげやすい。事例5－1のように，心の問題ではなく，その原因が障害の場合もあるからである。

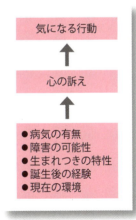

図5－1
気になる行動の原因

（作成：永田陽子）

● 事例 5 － 1

　保育士が気になっていた 4 歳の男児がいた。時折，自信がなくおどおどとした行動をする。外遊びの時には活発であるが，特に絵を描くのは好まなかった。単調な色使いで簡単な絵を描き，それ以上は描こうとしない。しかし，おしゃべりは達者で，場面がイメージできるように話すことができる。保育士は，もっと絵を描く力を伸ばし，自信を持って欲しいと考えて保育をしていた。母親が子育ての相談に行った子ども相談室で，考えもしなかった眼科受診を勧められ，そこで本児の色覚異常が見つかった。本児は視覚的に色の明確な区別ができず，不安な状況で生活を送っていたのである。

　次に考えるのが，子どもの『個性』である。同じ親から生まれても異なる個性を持つ。活動性や集中力，敏感さが一人ひとり異なるのである。その個性が活かされつつ，生活が送れているだろうか。活発に動くことが好きな子どもに，静かにじっくり取り組む保育内容ばかりでは，ストレスになる。同じ内容でも，活動性の低い子どもには心地よく，能力を発揮できる。一人ひとりの個性を把握し，それが発揮できる保育や環境になっているかを考えてみる。

　残りの 2 点は，環境要因である。子どもの『個性』に『誕生後の経験』と『現在の環境』の影響が加わり，感情の動かし方や行動パターンを学習していく。誕生から現在までに，どのような経験をしてきたかを捉えることが『誕生後の経験』である。誰が育児をしたかだけではなく，その人がどのようにかかわり，子どもはどう受け取ったかを把握するように心がける。子どもが受けた経験から，子どもの感情の動かし方や行動の仕方を理解し，必要な保育を考えていく。

　最後の『現在の環境』には，家庭だけではなく，保育の場も含まれるのは言うまでもない。概して，子どもの気になる行動や家庭の原因のみを観て，保育士が与えている影響を見落としがちである。子どもの行動は，保護者と保育士と子どもとの相互作用の結果として現されているのである。大人がどのような気持ちで子どもの行動を見て，かかわっているかを振り返る姿勢は不可欠である。大人の見方や気持ちの持ち方が変わると，子どもへの声掛けやかかわりに変化が起きるからである。そのことによって，子どもの行動も変容していく。もちろん，保護者のかかわり方などの家庭環境は，重要な環境要因である。しかし，保育士は家庭のバックアップはできても，保護者の行動を変えることはできない。保育中に，子どもに最善の環境を与えることは，保育士自身の努力でできることである。

心理的な原因による行動への対応の基本は、第4章②に記述した。表面にあらわれている行動のみに対応するのではなく、根本の心理にも対応して初めて子どもの発達を支えることができる。また、人は、身体と心とが関連し合って発達していく。複数の原因が絡み合う場合もある。事例5－1では、根本の原因は色覚異常であるが、周囲の関わりも影響している。大人は子どもの意欲を高めたいためではあるが、子どもに取っては能力以上の期待が不安につながっている。子どもの問題行動を理解し支援するときに、問題となっている部分を観ながらも、子どもを一人の存在として全体的に理解していく姿勢を忘れてはならない。

気持ちに共感した対応が、子どもの発達には不可欠である。もし、子どもの気持ちを受容せず、大人の思いを押しつけて子どもの保育を続けると、図5－2の左側循環Aに示す悪循環となる。それによって、子どもはさらに傷つき、安定した心の発達が難しくなる。他方、子どもの気持ちを受容し認めることにより、右側の循環Bに方向を変えることになる。保育士は自分の投げかけで子どもは何を受け取り、どんな感情を持ち、何を学ぶかを考え、循環Bにしていこう。

図5－2
大人の対応と子どもの心理の循環

（作成：永田陽子）

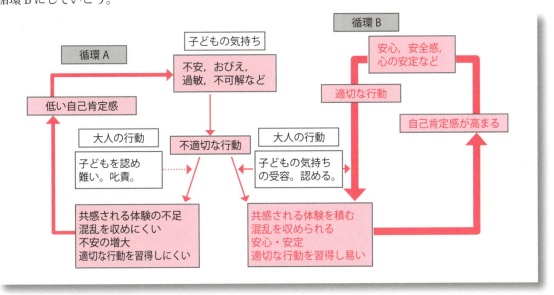

④ 相談へつなげる

風邪を引いたときに医師の診察を受けるように、複雑化しそうな情緒的問題は心の専門家（精神科医、臨床心理士など）に相談をすることが望まれる。心の問題は一時治ったように見えてもこじれると子どもが成長してから、さらに大きな問題として出てくる場合がある。したがって、乳幼児期に現された情緒的問題は、早めに適切な対応が必要であり、乳幼児健康診査時に心理

相談を受けるよう勧めたり，地域の相談室，専門のクリニックを紹介するなどが必要となる。

　他の機関を紹介する場合，親がその理由を十分に納得できるように伝えていかなければならない。保育士の捉えている心配，なぜその機関を紹介するか，紹介先の機関での対応も説明できるとよい。自治体の実施する乳幼児健診は誰もが受けるので，比較的抵抗が少なく受診できる。その機会を逃さずに利用したいものである。

● **コラム　《地域で心理相談や子どもの発達相談のできるところは？》**

　以下は自治体で実施している相談である。地域によって名称，機関は異なるので，地域の情報を入手する。
- ●乳幼児の健康診査（保健センターなどが実施。4か月児健診，1歳6か月児健診，3歳児健診がある。健診時に臨床心理士等に相談ができる自治体もある）
- ●子育て世代包括支援センター（保健師，栄養士，精神科医，臨床心理士などに相談ができる）
- ●各自治体の教育相談室（対象は18歳まで。登園拒否や不登校などの情緒的問題，言葉の遅れなど子どもの発達に関する相談が可能。心理職を配置している自治体もある。）
- ●子ども家庭支援センター（子どもの相談一般。地域によって専門職を置いている所もある）　など

---

2 乳児期の精神保健

❶ 基本的信頼感の形成

　個人差を持って生まれた乳児は，生理的欲求の充足と同時に安心で心地よい体験を重ね，基本的信頼感を形成する。この信頼感は，誕生した社会，人間，そして乳児自身への信頼感となり，人格の土台となる。泣く，ぐずるなどでしか欲求を表せない乳児期に，誕生早期の母子分離や産後うつ病などで不安定な養育環境では，発達への影響が出ることがわかっている。

　現代では，スマホ育児と言われる乳児期からの電子機器での育児も，その発達に影響を与えている。早期からタブレットを頻繁に見せられている，あるいは乳児が視線を向けた時に親が応答しないことが続くと，乳児は人への

投げかけをあきらめていく。このような養育行動の質の違いによって，１歳の時の乳児の愛着形成がすでに異なることが証明されている。見知らぬ場面での乳児の行動に関する研究（アンナフロイトセンター：イギリス）をみてみよう。

　初めての部屋で母子でしばらく過ごした後，見知らぬ人が入室し乳児と遊ぶ。その後，母親がその場から離れたときの乳児の行動は，二つのタイプに分かれる。「安定型」と「不安定型」である。

　親との愛着が形成されている安定型の乳児は，不安な状況になったときに泣いて親の後を追い，その姿を見つけると親にしっかりとしがみつく。安心感を充足すると，再び探索行動を始める。

　他方，不安定型の乳児は，部屋から出て行く親の後追いをしない。親がふたたび入室しその姿を見つけた時には，さらに複雑な行動をとる。親に近寄らず困惑した表情をしながら，おもちゃをいじり続ける。頭を床に打ちつける乳児もいる。親が抱きあげても，なかなかぐずりが収まらないのである。母親と身体はふれあっているが，親子の視線が合わず，相互に情緒を通い合わせる交流が成立しない。

　この研究が示すように，親との愛着形成の有無によって，親が安全基地となるかどうかが決まる。前者の安定した乳児は親以外の人とでも楽しい経験ができ，自分の世界を広げていく。後者の乳児は，安心を与えてくれる存在として人を認知していないので，人とのかかわりで不安が解消されない。

　歩き始めると，この傾向はさらに顕著になる。乳児は大人が出すサインを基準にしながら――社会的参照――行動をする。大人の笑顔や優しい声かけは肯定されていると理解し，緊張した表情や大声は「してはいけない」行動と乳児は判断する。安定型の乳児は，時々大人の方を見ながら動く。したがって，大人の意図を読み取り状況の理解を深め，自分の世界を安全にスムースに広げられる。一方，不安定型の乳児は人との信頼関係が形成されていない。そのために，大人の表情を気にせずに勝手に動きまわる。その結果，制止や注意される経験が多くなり，気持ちを受容されず子どもは不安をかかえる。これが繰り返されると図５－２の循環Ａのように，不安を重ねる悪循環となる。

　第１章で記述したように，各段階での心の発達状態は次の発達に影響し，その人のパーソナリティになっていく。

❷　問題行動とその対応

　基本的信頼感の形成が不十分な場合には，乳児は不安や怖れを自分で解消する方法をとる。それが，しばしば表５－２のような行動となる。

**表5－2
愛着が形成できないとき
の乳児の行動**

> ●極端な泣き
> ●睡眠パターンの乱れ
> ●食の変化（食べない・飲まない，過度に食べる）
> ●養育者への極端なしがみつき
> ●おどおどした表情
> ●無表情
> ●ロッキング
> ●頭突きなどの自傷行為
> ●オナニー　など

心身症：
身体疾患のうち，その発症と経過に心理社会的因子が密接に関与し，器質的ないし機能的障害の認められる疾患を呈するもの。ただし，うつ病などの精神疾患に伴う身体症状は除外される（日本心身医学会）

間主観的体験：
かかわり合う両者が，場や時を共有し"共に在り"響き合う体験

共同注意：
他者の注意のありようを理解して，その対象に対する他者の態度を共有すること，また逆に自分の注意のありようを他者に理解させ，その対象に対する自分の態度を他者に共有して貰うこと。「指さし」はその一例である。

乳児との交流：
乳児の間主観的で応答的な遊びやかかわり方は，『0歳児支援保育革命2』（永田陽子）に詳しく，映像を見て学べる。

　心身症として身体の一部に症状がでる大人とは異なり，乳児は心身が未分化な分，明確な区分はできない。乳児の表す行動は多様であり，原因も様々ではあるが，身体面と心理面と両面からみていく。例えば，極端に泣いている時，まずは怪我や病気の可能性を検討する。心理的な原因が考えられる場合には，愛着形成が目標となる。

　表5－2のような行動を示す乳児は不安な経験を重ねている，あるいは現在も安全で安心な環境ではないことが考えられる。不安や怖れの軽減や解消には，できるだけ環境の変化を少なくし，同じ保育士がかかわるようにする。複数の保育士で担当する時には担当者同士が連絡を頻繁に取り，共通のかかわり方を心がける。乳児は，人と**間主観的な体験**によって，愛着が形成されるのであるから，保育士は乳児とのゆったりとした心の交流を心がける。乳児の欲求にタイミングよく応じ，安心で受容される体験を重ねていく。乳児が見たりふれているものや聞いている音，感じているにおいや味について，『**共同注意**』をする。言い換えれば，保育士が乳児の興味に合わせ，二人で共有していくことである。乳児の感情や関心を共感的に理解し，視線をあわせつつそれを言葉で穏やかに伝えると心地よい体験となる。保育者が穏やかな気持ちでいれば，乳児は安心し，心身ともにゆったりと包まれた感覚を持ち，愛着が育っていく。また，視線をあわせて，抱く，スキンシップを取るなども大切である。ただし，これらの行為をするときにも，乳児の心地よい人との距離や抱き方，スキンシップの仕方を心がける。そして，一方的に保育士だけがするのではなく，**乳児との交流**を忘れないようにする。

　授乳やおむつ替えなどの世話をするときにも，視線をあわせ穏やかな声かけをしていく。世話だけでなく，乳児が興味を持てる，かつゆったりとした遊びや語りかけ，歌も安心感がもてる。乳児の発声に，視線をあわせながら応答することも乳児の安心感となる。乳児が脅かされない人との安心で安全，愛される体験によって，保育士への愛着形成が進むと，徐々に不適切な行動は軽減・解消される。また，保育士に上手に甘えられると，その力を親に対しても発揮していけるようになる。混乱した気持ちは共感され軽くなると同時に，基本的信頼感を形成していく。

第5章　子どもの精神保健とその課題　　93

> ● **コラム**　《乳児の理解》
>
> 　乳児は誕生後，五感で世界を刻々感じ取っている。また，乳児は自ら人の視線を頻繁に確認する人間特有の行動をする。物より人に注目する力があり，人とのかかわりを通して，物事の理解を深めている。それは，人の表情や感情の表し方も同様で模倣をして（Meltzoff A.N.& Moore M.K.）学ぶのである。最近の認知心理学や発達心理学等の研究によって，乳児は多くを人とのかかわりで学習することがわかってきている。そのかかわりが不適切ということは乳児に取って危機的である。

　乳児への対応に疑問や心配を持ったときには，そのままにしないことである。職員間で共有をしたり，スーパーバイズを受け，乳児に安心してかかわれるようにする。感受性の敏感な乳児の心に影響するからである。

③　幼児期の精神保健

　幼児期は行動範囲が広がり自己主張をし，他者とのぶつかりが生じる。子どもはこのぶつかりで，自分の気持ちの伝え方や人との折り合い方を学ぶ時期である。

　幼児期は，3歳頃までの幼児期前期と3歳以降小学校入学までの幼児期後期に分けられる。前期は，何でも自分でしたいという『自律性』が発達課題である。この時期は，言葉も運動面も全体的に拙さがある。指示されることを嫌い，自己主張を前面に出す。しかし，指示的な育児や失敗をとがめる，あるいは強すぎる叱責などの育児や家庭環境下では，自律性が十分育たない。依存的で，自己決定が苦手になる。大人の指示がないと，不安で行動ができない。子どもは大人の指示に従っていれば失敗の経験も少ないが，耐性も低い。失敗を嫌い，新しい事をなかなかやろうとしない傾向を持ちやすい。

　幼児期後期には子ども同士で対等にかかわり合う『積極性』が発達課題である。子ども集団で楽しむには，自分を正当に主張する力や負け・失敗を受け入れ我慢する力，感情をコントロールする力などが必要である。これらの力は，繰り返し子どもとかかわり，遊ぶ経験によって発達する。しかし，遊ぶ経験や多様な経験が少ない子どもにとっては，自己主張をして相手と折り合うことは難しい。自分が出せない環境は，子どもにとってストレスとなる。

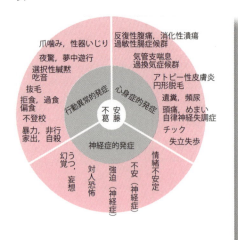

図5-3
心の問題の表れ方

(篁倫子：独立行政法人国立特別支援教育総合研究所)

対等な関係を求める思いとその中に入れない葛藤を持つことになる。

それぞれの時期の発達課題が十分に形成されていない時，大人に守られていた環境から，自分の力で人と関わる環境への適応が困難になる。そのような時に，子どもはその葛藤を多様な行動で表わす。幼児期以降の心理的な問題は図5-3のように表せる。幼児期には，生活習慣や他の行動で心理的な訴えを表わす。保育場面でみられやすい主な問題行動について学ぼう。

1 生活習慣に表れる問題

1 排　泄

排泄の自立後に，頻尿や夜尿，おもらし，遺糞などがたびたび繰り返される場合には身体的原因と心因性との両面から考えていく。きょうだいの誕生や家庭内の不和，集団場面での緊張や排泄の失敗への不安など心因性の原因はさまざまである。保育者は，原因となっている状況の把握に努め，子どもがどのような影響を受けているかを考え，対応や保育を改善していく。

一度自立しているので，排泄の仕方は理解している。失敗をとがめず，汚れた衣類を取り替え清潔にするのは，基本的な対応である。叱って治すことはできない。かえって，恐怖感や緊張感を与え，逆効果である。「オシッコはどこでするの？」など，わかっていることを言わせる対応も不適切である。排泄だけに注目せず，子どもが安心して自分を出せる保育をしていくとよい。

排尿に関する問題は，膀胱炎など身体の病気による可能性も考慮する必要がある。頻尿は，尿意を感じトイレに頻繁に行く行為である。「さっき，トイレに行ったばかりで出るはずがないでしょう。」などと決めつけず，それらの行動を表す時の状況を観察してみよう。自己主張ができない，要求が通らなかった，叱られた，課題が難しすぎる，他児とのトラブルなど子どもにとって緊張の高い状況が考えられないだろうか。家庭内の変化が原因の場合もある。頻尿は緊張のバロメーターと捉え，保育では叱責は避ける。他の生活面で，自己主張や感情の表わし方等を伸ばす保育を心がける。親と話し合い，家庭が安心できる環境になると改善は早い。

おもらしが繰り返される場合も同様の考え方で対応する。トイレに頻繁に誘い失敗を回避しても，子どもの力はつかない。表面的な問題の解消ではなく，子どもの気持ちを受けとめ，心の安定や自我の発達を支える保育をしていこう。年齢相応の発達をしているときには，事例5-2のように大人の対

応が変わると，比較的早期に改善がみられる。

　夜尿の場合には，夕食から就寝前に摂る水分量を減らすと，改善がみられることがある。さらに，夜尿が続くときには，頻尿と同様に心理的原因を考える。失敗をとがめて治すことはできない。子どもが，安心した生活を送れているだろうか。過度な期待や家庭内のトラブルなどで子どもが緊張を高めていないかを見直してみよう。

　排尿が4歳近くなっても一度も自立できない場合には，一度医療的診察を受けると安心だろう。

● **事例5-2**

　3歳児健診で，ママはかずちゃんのおもらしについて相談した。トイレで排泄ができていたのに，最近，おもらしをするようになってきた。来春の幼稚園入園を控え，「トイレでおしっこができないと，幼稚園に行けないでしょう」と注意するが，一向に改善しなかったのである。ママは相談員と話し，失敗するようになった焦りが自分にあること，弟が生まれお兄ちゃんだからと頑張らせていたことなどに気づいた。かずちゃんの甘えたい気持ちを受け止めようと思えた。そのような対応を心がけて1週間後，かずちゃんのおもらしはなくなった。それに，「僕，お兄ちゃんだから」と自発的に手伝いをするようになったのだ。

　遺糞は，4～5歳を過ぎてもトイレでない場所に不随意的に便を漏らす症状である。排尿の失敗と同様，心理的な原因が考えられる。何日も排便をしない場合には，医療機関に相談することも必要になる。バランスのよい食事など生活を整える。トイレで排便をすることはわかっているので，排便に関する強要は不要である。リラックスできる保育をし，気長に構えて対応する。

❷ 食　事

　心理的な原因が「食」の問題として，食事の量，食べ方などにでる。食べても満腹感が持てず異常に食事の量が増える，あるいは，食欲が極端に落ちるなどである。

　一食ごとに一喜一憂せず，2～3日のスパンで子どもの食事の量を観察する。食事は体の成長と関連するだけに食べるように強要しがちであるが，食欲を低下させ逆効果となる。食事に関する問題は，一度，家庭と保育園での食事の状況を詳細に共有すると，改善点がみつかることがある。例えば，食事の準備をしたいために，食事の前に子どもにお菓子を与えていて少食となっている。あるいは，食事中に注意を頻繁にされ，食事が楽しくないなどである。心理的な原因で「食べない」行動化に至った事例もある。食事の雰

事例：
『保育の心理学』ななみ書房，「奏ちゃんのお弁当」（自己体験による学習）p.115～117

囲気を変えるなど楽しめる工夫は大切ではあるが，食べることだけに特化することは避けよう。長く続くようであれば医療機関の受診をする。

　きょうだいの誕生による赤ちゃん返りの時には，親や保育士に食べさせて欲しがる，赤ちゃんと同じミルクやおっぱいを飲みたがる場合もある。これらは，甘えたい，自分に注目してほしいなどの気持ちの表れである。その甘えを十分に受け止める。他方，子どもの自発的な行動を認めると，背伸びをせずに自立していける。「赤ちゃんにもどっちゃったの？」「お姉ちゃんなのに変でしょ」など，無理に自立を促し甘えを我慢させる対応は，かえって事態を長引かせる。『甘え』と『自立』の感情が入り交じりながら，人は自立に向けて成長をしていくのだ。

　偏食も親や保育士にとって心配な行動のひとつである。噛む習慣が離乳食期に習得できていないことが，幼児期の偏食や過食，少食と関連していることもある。偏食をとがめて修正するのではなく，保育士が噛む姿を見せ，十分に噛む習慣をつけていく。親や大人の対応で，食べられるものを食べないこともある。例えば，「姉はにんじんが好きだけれど，この子は食べないのです」などの大人の何気ない会話を聞いていて，そのようにふるまう。このような場合には，保育士は偏食に注目し過ぎない方が改善しやすい。心理的な原因が考えられる場合には，気持ちが開放されリラックスできる保育や食事以外のことで自信を持てる保育を心がける。

❸　睡　眠

　睡眠中に起こるのは夜驚症，夢遊病などがある。<ruby>夜驚症<rt>やきょうしょう</rt></ruby>は，突然の大声と共に起き上がり，部屋の中を歩き回る。明け方ではなく入眠して1〜2時間の頃に起きやすい。4〜8歳頃に最も多く，大部分は自然に治っていく。<ruby>夢遊病<rt>むゆうびょう</rt></ruby>は，眠ったまま起き上がり歩き回ったり，排尿することもある。本人は全く覚えていない。意識がないので，怪我や転落に注意をする。こちらの場合も，昼間の過ごし方や心理的負担を強く受けていないかも考え，保護者と連携を取りながら対応していく。

　暗闇や一人で寝ることを，急に極端に怖がるようになった場合には，虐待（本章⑦ p.111 参照）などの可能性もあるので，子どもの状態をよく観察して対応する必要がある。

虐待：
性的虐待を受けると，怯えや暗闇を極端に怖がる，急に意欲が落ちるなど行動に大きな変化を起こすことが多い。

❷　行動に表れる問題と対応

❶　チ　ッ　ク

　チックは，本人の意思とは無関係に起きる体の不随意な運動や発声をいう。瞬きや肩の上下，首を振る運動チックと咳払いなどの音声チックがある。単

にその癖を止めるように注意してもよくならない。意図的にしているのではなく，不安や叱られる怯え，緊張感など何らかの心理的原因がある。行動の結果だけに注目せずプロセスを楽しむかかわりや達成感のもちやすい保育内容などを取り入れ，子どもの緊張を軽減したり，自信を持てる体験を増やしていく。

チック症状が長期間継続する**トゥレット症候群**は，服薬の効果が認められており，医療と心理的ケアと並行するとよい。

トゥレット症候群：
運動チックと音声チックの両方が起こり，1年以上持続しているチック。名称はジル・ド・ラ・トゥレット医師の名前による。

❷ 吃 音

言葉をスムースに話すことができなくなる吃音（どもり）は，発達の一過性のものと心因性の原因とがある。発達の一過性の場合は，情緒と言葉の発達がアンバランスな時期にみられる。一般的には文レベルの言葉を話すようになる2～3歳頃が多く，言語が発達すると自然に消失するのが一過性の吃音である。しかし，言葉の言い直しをさせるなどの緊張を生む対応をすると，悪化あるいは固定化する場合もある。一過性の場合には，問題視せずゆったりと長い目での見守りをしていく。また，保育士が子どもの話したいことを言葉かけすると，表現力がつき改善につながる。

他方，心因性の場合には年齢と関係なく起きる。吃る話し方に注目するのではなく，心理的な配慮のある対応が必要となる。両親のトラブルや転居などの環境の変化も大きく影響する。不適切なあるいは過度な期待等が原因となることもある。話し方の修正や言い直しは避け，話をよく聴いて受容し，言語以外の面でも自信を育てる保育をすると徐々に改善する。

吃音は，吃る時期と吃らない時期を繰り返し，徐々に減少する経過をたどる。一足飛びに改善することはないので，吃る頻度に一喜一憂せず，長期的な視点で自我の成長を見守ることが求められる。

● **事例5－3**

4歳のミカちゃんは幼稚園生活に慣れ，降園後も近所の友達と遊ぶことが多くなってきた。時には子ども同士でぶつかり，ミカちゃんが相手をたたいたり物を投げたりするようになった。吃音が出てきたのは，その頃であった。以前，ミカちゃんは友達に遊具を貸していた。トラブルは少なく，両親は「いい子」と思っていた。ミカちゃんが手を出すようになってから，それまであまり子どもを叱らなかった父親が強く叱るようになった。警察官の父親はわが子が将来"暴力"をふるうようになっては困ると考えたからである。やっと自己主張をし始めたミカちゃんは，親の期待と主張をしたい自分との強い葛藤をかかえ，それが吃音となって表れたのである。

事例５－３のミカちゃんの親は保育士と話し合い，両親が子どもに厳しすぎる対応になっていることに気づいた。同時に自己主張の大切さと子どもが社会性を学ぶプロセスをサポートする大人の役目についての知識を得た。保育士と話し，対応の方向がつかめ気持ちが軽くなって，長い目でミカちゃんを見守ろうと思えた。頭ごなしに叱るのではなく，ミカちゃんの気持ちを受け取り，少し待つ対応を心がけるようになってから吃音が減ってきた。

❸ かん黙

言葉を習得しているのに話せなくなるのが，かん（緘）黙である。幼児の場合には，家庭以外の場所や集団で話せなくなる「場面かん黙」がよくみられる。

場面かん黙の原因は必ずしも集団とは限らないが，集団の場でも対応には配慮が必要である。吃音と同様に，根本的な問題は話し方ではなく，何らかの心理的な葛藤が原因と考えられる。大人は子どもに話させようとしがちである。それがさらにストレスとなり，改善しにくくなる。話すことを強制せず，子どもの感情を大切にし，自我の発達を支える保育をする。

保育は，考える課題よりも体を使った遊びや熱中して思わず声や笑顔が出るような内容が適している。また，子どもたちのからかいが生じないクラスの雰囲気作りも大切である。かん黙がひどい場合や保護者の心配が大きい場合には，相談機関でのプレイセラピーやカウンセリングを並行すると改善しやすい。

❹ 指しゃぶり，爪かみ

幼児期の指しゃぶりや爪かみは，静かな活動や自由遊びの時に多くみられる。どちらかというとおとなしいタイプの子に現れやすい。２～３歳頃には，遊びが思いつかず手持ちぶさたな時にする指しゃぶりがある。そのような時は，遊びに誘い楽しく遊ぶ経験を積む。いろいろな遊び方を学び，遊びたい気持ちが強くなると，指しゃぶりはしなくなる。

心理的な原因の場合には，指しゃぶりや爪かみにはふれず，子どもの心の安定を考えていく。子どもに葛藤や不安があることを思いながら保育をする。保育士に安心して甘えられることや気持ちを発散できる保育をする。思い切り身体を動かす，声を出すなどは気持ちを発散しやすい活動である。また，子どもの好きな遊びや折り紙など手を使う遊びは，指しゃぶりが癖になることを防げる。

❺ オナニー

衣服に手を入れて性器をいじる，昼寝の時に寝具などでオナニーをする行

為である。自分の身体を触り不安な気持ちを収めていると考えられる。習慣化しないようにしていく。言葉で注意をすると，かえって強化してしまう。昼寝の時には保育士と手をつなぐ，あるいはお守り代わりの物を持たせる与えるなど，自然と気がそれる工夫をする。他方，子どもの意欲が育つ保育内容を考えていく。自ら制作や遊びに取り組むことや運動する楽しさを覚えると，積極的に遊びに入っていけるだろう。

　上記以外にも，頭突きや抜毛なども心理的な原因が考えられる。子どもの心の訴えであり，上述した問題と同様，行動の背景にある原因を考慮しつつ，子どもの心への対応と同時に環境の調整等も行う。子どもが安心して自分の感情を出し，自我を強めて成長していけるような保育をしていく。

❻　登園拒否

　登園をいやがる子どもは，主に 2 つの原因が考えられる。集団に入るまでの経験不足による場合と**愛着形成が不十分**な場合である。前者は，家族以外の他者とかかわる経験が少ない。人々の多様なかかわりを知らないために，新たな人や場になれるのに時間がかかる。しかも，守ってくれるはずの親はいないので，自力で不安や怖さを越えられないための登園拒否である。自分の要求の伝え方や他児とのかかわり方が幼い。加えて，他者とのかかわりで生じるストレス耐性が低い。そのため，一つ一つのことに強い不安を感じてしまう。このタイプの親は指示的育児の傾向がある。子どもは親の指示があれば，行動することができる。自己決定の練習をして育っていないとも言える。したがって，集団生活のように，その時の状況に応じ自分で判断して行動しなければならない場面は苦手である。なかなか決められない，失敗をしないとわかるまでは動き出さず，皆がやっているのを見ている。仲良しの子ができ，その子の行動を真似て行動するようになると登園をいやがらなくなる。親ではなく，他児の行動を参照しながら，学習しているのである。集団生活で，**自己決定**や自己主張などの経験を積むと，集団生活を楽しめる。親にも，口出しを控え，子どもに任せる機会をつくるよう，協力を促すとよい。

　後者の愛着形成不全での登園拒否は，不安が高くおどおどとしている。まずは，安定した愛着形成が必要である。親は子どもへの早すぎる自立への期待，あるいは拒否感を持つ傾向がみられる。子どもの依存が十分に受容されないまま，自立の方向へ押し出されるために，逆に離れられない。家庭でも親に十分に甘えきると，子どもは自ら親から離れる時がでてくる。この繰り返しによって，徐々に愛着が形成されて集団生活に入っていける。保育士が子どもの愛着形成を心がけることはもちろんだが，家庭との連携も子どもの発達の鍵となる。登園拒否が強い場合には，保育士は安定した愛着対象としての役目を担い，十分に甘えを受けとめる。並行して，親の気持ちの傾聴を

心がける。親の希望があれば，カウンセリングにつなげると，改善はしやすい。

❸ 集団の中での問題と対応

　幼児集団では，たたく，噛みつくなど乱暴な行動や落ち着きがない，指示に従えず集団行動がとれないなどが問題となる。困った行動を注意するだけの保育ではなく，子どもの心の発達を援助する保育をしよう。

　これらの子どもたちが，感情の適切な表現方法を学ぶ必要があることは，前述のいずれの行動に対しても共通している。対応の仕方はそれぞれの状況によって異なり，子どもがなぜ不適切な行動をするかを見極めなければならない。

　近年，年齢より感情のコントロールの幼い子どもが増えてきていると思われる。いやなことはやらない，集団行動が取れない，思い通りにいかないと激しく感情を出すなどである。ゲーム機や iPad 等が子どもの日常生活に入り，人とのかかわりや遊びが変化している影響も大きいと推測される。環境要因から来る経験不足で社会性や感情の表現手段を知らないのであれば，保育者が行動モデルを示し，子どもが適切な行動を習得しやすくしていく。例えば，自分の思いが通らず相手をたたいた時に，「悔しかったね。おもちゃを貸してほしかったのね」と子どもの気持ちを一旦受けとめ，「貸してと一緒に言ってみようか」とそのやり方を体験する。乱暴がいけないことだけを教えても，社会性は学べない。同じ状況になった時に子どもが自分の力で伝えられるようになっていくことが目的だ。

　根底に不安や強い不満，家庭内の不和や暴力（第４章❸）があるなどの場合には，それらを配慮した上での対応が肝要である。表面的な行動の修正にとどまらず，保育士は一貫した愛情を与えることが重要になってくる。また，子どもは自分の感情を後回しにする傾向がある。不安をかかえている状況を理解しつつ，子どもの感情を受け取る努力がいる。わかってくれる人に出会い，子どもが本音を言えると，行動が変化する。そして，苦しいときに大人を頼ってよいと思えるように，信頼関係を築こう。

　不適切な行動のバックに，知的障害や集中力が短いなどがある場合には，その特徴に配慮して，子どもが学びやすいようにするのが保育士の仕事である。子どもの安定した心の発達と能力とを伸ばす工夫された保育が求められる。

第5章　子どもの精神保健とその課題　　101

4　児童期の精神保健

1　勤勉性の獲得

　児童期は，努力をして達成感を得る経験を重ねて『勤勉性』を付けるのが発達課題である。努力によって自分の得意なことが身につけられる。周囲からも認められ自信がつき，自分の特徴となっていく。『勤勉性』は物事に取り組む姿勢をつくり，その後の人生にも影響を及ぼす。反対に，すぐにあきらめる，面倒くさがり取り組まない行動が続くと，『勤勉性』がつかない。結果的に，達成感や充実感が得られず，不安等をかかえることになる。この時期は友だちとの遊びと学習が生活の大きな割合を占める。従って，心の問題を学校や子ども同士の関係の問題として表す。本節で取り上げた問題以外にも幼児期で述べた問題行動を児童期で表す子どももいる。あるいは，後述する青年期の問題を，プレ思春期にあたる小学校高学年期に表す場合もある。従って，年齢が異なっていても，状態像が同じであれば，幼児期や青年期の記述を参考にして，子どもの行動の理解と対応に活用してほしい。

2　不　登　校

　学校に行けなくなることは，本人，家族にとっては困惑と不安，苛立ちを感じさせる事態である。これらの子どもたちは自分の気持より他者の思いを優先させ，自我が年齢相応に育っていない傾向がある。親の指示に従うことで認められて育ったいわゆる「よい子」が多い。もうひとつの傾向は，近年の少子化等の影響が考えられる現象である。学校教育に入る前に子ども同士で遊ぶ経験が少なく，失敗やストレスへの耐性が弱い場合である。葛藤経験が少ないことに加え，それを親がかばう過保護傾向がみられる。

　不登校を始めた時に，まず子どもの気持ちをよく聴く。初期に環境の調整で改善する場合もあるからである。低年齢の不登校は，家庭環境が関連していることが多い。不登校への対応は本人だけでなく，家族の理解を得ることは欠かせない。事例5－4のように，子どもが大人を頼れると思える経験は非常に大切である。スクールカウンセラーとの連携などの環境調整も視野に入れた対応をしていこう。

　学校に行かせることが目的ではなく，子どもの感情を大切にして自我を育てる点に重点をおく。同時に，感情の適切な表現法を身につけることも必要である。言ってもわかってもらえないと思い込み，言わずに苦しんでいる子

どももいる。また，ストレスに直面した時の多様な解消法を学び，ストレスに押しつぶされず気分転換ができるようになる必要がある。

● **事例5−4**

　今まで学校を休んだことのない小学2年生のジュンちゃんが「学校を休みたい」と言い始めた。親は不登校になることが心配で，しばらく無理矢理行かせた。学校に行ったらゲームをしてよいなどとご褒美でつっていた。ある朝，布団から出てこなくなり，行かないと泣き出した。親は，学校を休ませ，ゆっくりと子どもの話を聴いた。仲良しで遊んでいた友だちと学校でトラブルがあったことがわかった。親から話を聞いた担任が対応をした。お互いの気持ちを伝え合い，ジュンちゃんは翌日から登校を始めた。親の了解を得て，学童の先生と担任とが連絡をとり，今後の連携について話し合った。

　このことで，親は子どもの気持ちに注意を向けていなかったことに気づいた。振り返ると休みたいと言いだした頃，宿題のやり方が乱暴になったなどのサインがあった。怠け癖が着いては困るとの親の思いで，叱って頑張らせていた。ジュンちゃんは親や先生に頼れるとわかり，以前のような明るさを取り戻した。

---

3 学業不振

　勉強に身が入らず学習が進まない原因は多様である。子どもの状態をよく観察し，家庭での状況を含めて原因を捉え，それに応じた対応をしていく。原因として考えられるのは，本人の能力，障害の有無や学童期以前の親子関係や集団の状況，そして現在の生活環境があげられる。

　軽度の知的障害や興味・関心に強い偏りをもつ発達障害（本章8　p.118参照）がある子どもの場合は，学習内容が理解できず意欲が低下し学業不振を招くことがある。授業がわからないまま進み，緊張感や不安を強く感じている。自信が持てず教室にいるだけの苦痛な状況を理解し，特別支援教育の活用など学習が身につく環境を提供する。二次的な問題が起きないように早めの対応が必要である。

　親の精神的な問題や貧困あるいは両親間での暴力（ドメスティック・バイオレンス：DV）等で家庭環境が不安定であることも影響する。離婚などの時にも，乱暴な行動や学業不振がみられることもある。また，親の養育態度は学業不振の原因となりやすい。例えば，親の高い期待は子どもの不安を招き，過保護は年齢相応の自立を阻害する。児童虐待も学業不振の原因となる。いずれの場合にも，子どもが安心して生活できる環境を整えていかねばなら

ない。指導者だけで抱えず，関係機関との連携が必要になる。

　学業への意欲と集中力を育てる取り組みと並行して，子どもの自己肯定感を育てる。子どもが自分の感情を尊重され本来の自分でよいと思える（自己受容）こと，自己決定の体験をすること等が子どもの発達を促す。

4　集団生活であらわれる問題と対応

❶　他児とのトラブル

　児童期は，友だちとそれぞれの自己主張を調整し合い，協調して遊ぶことが楽しい時期である。遊びには，ルールがあり，勝敗を競いあう。負けて悔しい思いもするが，それは，勝つための工夫する機会であり，また努力する力も磨かれる。皆と遊ぶ楽しさに惹かれ，繰り返し遊んでいる間に，負けや失敗に対する耐性も培われる。

　自分の失敗や負けを認めず，他児とトラブルを起す子どもが増えている。相手を攻撃する，感情を必要以上にぶつける，あるいは譲るべき時に譲らないなどである。これらの行動が続くと，友だちに認められることが難しくなる。今度は，その感情を下級生や指導者に向けることもある。指導者は，力が強くなってきた子ども同士での怪我を防ぐことも考えねばならない。このような社会性の幼い子どもは，叱られることが多く，認められる経験が少なくなる傾向がある（本章❶-❸図5-2　p.89参照）。コミュニケーションスキルの学習が十分ではないことも多い。指導者は，子どもの家庭環境や個人差等を配慮しながら，必要なコミュニケーションスキルを身につけることを考えていく。その時の気持ちやどのようにそれを伝えればよいかなどを，子どもが考えられるように投げかけることが必要だろう。また，子どもが少しでも適切に行動できた点を子どもに伝え，指導者との肯定的なつながりを感じられるようにしていく。

❷　い じ め

　近年，子どものいじめが陰湿化していると言われている。一人の子をターゲットにし，集団で排除する。いじめは実行する子どもだけの問題ではない。いじめをみて知らんふりをする周囲の子どもの行動がいじめを成立させる条件となっている。実行する子どもたちも，自分がいじめられる側にならないために，強い子の言いなりになっていたと大人になってから振り返った人がいる。当事者の子どもだけでなく，この構造を崩す働きかけも必要である。

　子どもの低い自尊感情や不安を，弱い者に対して向ける不適切な表し方の一つがいじめである。それぞれの子どもが自己肯定感を高め，安定できるよう，指導者との信頼関係をつくる。指導者は，子どもに感情の適切な出し方

を伝えたり，集団内に居場所を作り，力を発揮できるようにする。

　また，メールや携帯電話を与えることが低年齢化に伴い，現代特有のいじめが生じている。以前は，集団を離れれば，相手のいじめから逃れることができた。しかし，メール等は時間も場所も関係なく，執拗に続く可能性がある。また，大人の目が行き届きにくいことも，いじめの発見を遅らせる。したがって，児童期には，大人の責任で機器の管理が必須である。**ゲーム依存症**予防では，ゲームや携帯電話の使用ルールを決めることが奨励されているが，集団の場でも同様のことが実施できるとよいだろう。事態を深刻化させないためには，普段から子どもの行動を観て，そのサインを見逃さないようにすることや大人に相談できる関係を作っておく。

5　青年期の精神保健

1　アイデンティティ形成の危機

　身体的，特に性的成長の著しい青年期であるが，誰もが精神的にも大きく揺らぐ時期である。大人の価値観を一度否定し，再度自身の力で価値観を取り入れ直す。この自己の再構築の過程で，他者と比較して自信をなくしたり，「自分とは何か」と悩み葛藤を抱え不安定になる。自分なりのまとまりのあるアイデンティティが形成できないと，アイデンティティの拡散（第1章 2－5）がおき，精神的な病気が発症しやすい時期といわれている（図5－4）。この時期には，基本的信頼感の形成不全や親の指示や期待に応じ過ぎて成長してきた子どもたちの未解決の発達課題が明確になりやすい。その症状は家庭内暴力や摂食障害など表れ方はさまざまである。多くは青年期以前から，不適切な感情の表し方や低い自己像を獲得している。したがって，即効的な解決法はなく，改善には長期間かかる。そして，教育機関や家族からの支えはもちろんのこと，医療機関やカウンセリングなど専門的な対応も並行して

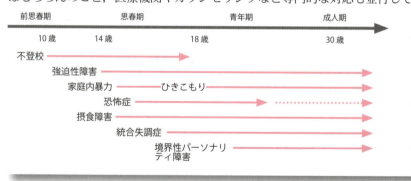

図5－4
青年期の主な心理的障害と起きやすい時期

第5章　子どもの精神保健とその課題　　105

必要となる。思春期以前の達成できていない発達課題の達成へのサポートが
不可欠なのは，どの症状であっても共通である。

2　強迫性障害

　不合理なこととわかっていても，その行為を止めることができないのが強
迫性障害である。よくあるのが，不潔感を拭えず手を長時間洗い続ける，戸
締りを何回も確認しないと安心できないなどである。その行為に注目し過ぎ，
無理強いや周囲が感情的にかかわることは快復にはつながらない。実行でき
ていることや以前よりはよくなっている点に注目し，子どもの気持ちや考え
に沿いながらサポートする。ありのままの自分を受容され，自分を肯定でき
ると，強迫的なこだわりが薄れる。生活に支障が出る場合には医療機関や相
談機関での治療が必要になる。

3　摂食障害

　摂食障害は，拒食症と過食症とがある。太っていると思い込み，食べるこ
とを極端に拒む，あるいは食べては下剤を使用したり吐きもどすのが拒食症
である。この状態が繰り返されると脳の働きが正常でなくなることがわかっ
ている。発症は圧倒的に女性が多い。

　拒食症には，完璧を求める強迫的な性格傾向，太ることへの嫌悪，よい子
だけしか認めない保護者の養育態度が共通している。客観的には痩せている
状態でも，本人はそれを認めない。短時間の睡眠でエネルギッシュに活動す
る時があり，病気の自覚がないのが特徴である。食べないことに注目し過ぎ
ず，ありのままの自分を受容できるように援助をする。同時に体重を量りボ
ディイメージのゆがみを修正することも大切である。親子関係の変化がみら
れると，改善しやすい。深刻な症状に陥る前に，親も子も医療機関を利用す
ることは有効である。

　過食症は，拒食症より遅く発症する傾向がある。それまでの充たされない
愛情の代償行為として「食べる」のである。ありのまま受容され，本人の自
己受容がすすむと，症状は軽減する。

摂食障害：
以前は女性がなっていた
が，最近は男性にもみら
れるようになった。およ
そ10倍女性がかかりや
すいと言われる。

4　家庭内暴力・ひきこもり

　適切に自分を出せず，家族，特に母親やきょうだいに対し暴言や暴力をふ
るう。暴力行為になる事態を避けたいがために家族は言いなりになるという
悪循環を生みやすい。外では自分を抑え，おとなしいいい子であることが多

い。外の環境に適応できない苛立ちや根本の不安をもっている。最近では，ゲーム機やインターネットで時間を過ごし，対人関係を学ぶ機会が少ないまま成長するする傾向がある。社会性だけではなく，ストレスへの耐性やその対処法，感情のコントロールなども未熟である。夜半はゲームをして，朝起きられず昼夜逆転の生活になる。このような生活では社会との接点がもてず，適応する力をつけることは困難となる。

　子どもが**スクールカウンセラー**に気持ちを話し，自分を見直す機会をもつのもよい。家族も相談機関を利用し家庭内の問題を振り返り，家族のかかわり方も変えていく必要がある。生活を昼型に変えながら，家庭や社会に居場所を作れるようにするなど周囲のサポートは不可欠である。

5　う　つ　病

　うつ病は，継続的な抑うつ気分や興味等の減退，不眠等の症状を示す。まじめで完璧主義の人がなりやすい。できていないことに目が行くマイナス思考傾向が強い。また，現実には起きていないことについて，"もしも，～になったらどうしよう"と心配を膨らませる思考をしがちである。初期症状は，意欲の減退や眠れない状態が続くことが多い。早期に治療をすることが肝要である。服薬と心理療法を並行する場合もある。快復には時間がかかるので，焦りは禁物である。治療を受けながら，生活のペースを徐々に戻していくのである。以前と比べて改善してきた事などプラスの視点を提示し，本人の気づきを促す。服薬への不安等については医師に相談するように助言し，決して素人判断の意見を伝えてはいけない。

6　パーソナリティ障害

パーソナリティ障害：見捨てられることを避けようとする極端な努力，過剰な理想化と過小評価の両極端を揺れ動く不安定な対人関係，同一性障害（自己像や自己感覚の不安定さ）衝動性で自己を傷つける行動（浪費，セックス，過食等），慢性的な空虚感などの9項目のうち5項目以上に該当する場合にパーソナリティ障害と診断される。（米国精神医学会診断基準：DSM－5）

　充たされない愛情欲求を極端な行動でうめようとするのが，**パーソナリティ障害**である。考え方や行動が極端で，他者とのかかわりに適度な距離を保つことが非常に困難なのが特徴である。相手がずっと自分に関心を示さないと見捨てられたと感じてしまう。その感情を，相手への極端な攻撃や自傷行為等で表わし，相手の注目をひこうとする。まず，周囲はその行為に振り回されないようにすることである。そして，適度な距離を保ちながら，コンスタントに本人への関心と愛情を持ち続ける。言い換えれば，細く長く続く人との繋がり方を学ぶことである。長期的に考えると，適度な距離を保つ対応が，本人の安定となり対人関係スキルを高めることにもなる。この性格傾向をもつ人がよきサポーターに巡り合うと，そのパワフルなエネルギーが大きな成果につながることもある。

第5章　子どもの精神保健とその課題　　107

７　非行等の問題行動

　盗みや恐喝など反社会的行動で，心の状態を訴える子どもである。異性との性的な関係で愛情欲求を一時的に満たすことを繰り返すうちに，妊娠する例も多い。これらの行動では不安が解消されず，自暴自棄になることもある。多くは，安心，安全で愛されている環境がなく，年齢相応の健全な自己形成ができない状態である。そのゆがみを問題行動で表している。子どもに関心と愛情を向け，人との安定した繋がりを子どもが感じられることが大切である。根気よく，人との信頼関係の構築をすることがスタートとなる。子どもの好きなことや得意なことを一緒に見つけながら，学校や社会に居場所を持てるようにする。自分をかけがえのない存在として捉え直せるようサポートを続ける。

6 喪失体験による問題と対応

１　離婚等による喪失体験と対応

　親の死や離婚により大切な親を失った時，どの年齢の子どもも大きなショックを受ける。しかし，親は，子どもが幼いからとの理由で，事実の説明を避けがちである。子どもは家庭状況から変化を感じており，説明されないとわからない不安を抱えることになる。子どもは，親を失ったのは自分が原因だと思い込んだり，残った親も突然いなくなるのではないか等の不安を持つ。それらの疑問を大人に話せない子が多いという。そのため，大人は子どもの遊ぶ姿を見て傷ついていないと勘違いをしやすい。実際は，子どもも大人同様深い悲しみを感じており，行動が乱暴になるなどの表し方（第4章 ④ 表4－2　p.75）をする。

　喪失体験を受け容れるまでには，否認，怒り，取り引き，落胆，受容のプロセスを経る。受容するには長い年月を要する。最初は自分に起こるはずがない，親は出かけているだけだなどと事実を認めない『否認』をする。事実を否定できないとわかると，なぜ，自分が親を失わなければいけないのかと自分の身に起きたことへの『怒り』をもつ。この怒りは往々にして不適切な出し方になることが多い。親を失った悲しみ・苦しさを保育士や友だち，物にあたるなどで表現する。『取り引き』の段階では，自分がいい子にしていればいなくなった親は戻ってくると思い努力をする。しかし，事実は変わらないことを知り，『落胆』する。この時期にはやる気を失い投げやりになる

こともしばしばみられる。事態は変わらないが，与えられた環境の中で過ごそうと思える『受容』の時が出てくる。この心理的な５つの段階を行きつ戻りつしながら，徐々に事実を受容していく。

感情を押し込めず，悲しみや怒りを表すことは，その出し方がたとえ不適切であったとしても，健康なことである。保育士は，「お父さん，いなくても平気」「全然さみしくないよ」等子どもの表面的な言葉ではなく，子どもの行動を観察しその気持ちを感じ取ろう。強がらず悲しいときには泣いてよいとの思いをもって，子どもの感情に寄り添うと子どもの心は軽くなる。同時に，感情の適切な出し方を子どもが習得できるように支えていく。また，気持ちを発散できる保育内容を考えていく。

なお，喪失体験の悲しみや怒りをもっているのは親も同様である。喪失体験直後，親は生活のことに精一杯で自分の心に向き合うゆとりは持てない。保育士は，親も傷ついていることを理解して親への対応をしよう。悲しみや苦しさを言葉にできると，少しずつ前進できる。しかし，語る時期は本人が決めるのであり，周囲の者が決して無理に語らせてはいけない事は心にとめておこう。

❷　災害による喪失体験と対応

地震や津波，台風等による災害時には，時として大きな被害をもたらす。その被害による喪失が大切なモノであっても，人は大変なショックを受ける。2011年の東日本大震災のように，大切な家族や友人，知人との突然の別離は，長年にわたり子どもや人々に多大な苦しみをもたらす。また，先祖代々受け継いできた土地で生活ができなくなることは，人生そのものを奪われるに等しい程の喪失感であろう。

❶　被災後の経過

被災で当たり前の生活が困難になることがしばしば起きる。最初に，大人は衣食住を確保すること，生活を元に戻すことに必死になるのは当然である。しかも，平穏時のように情報や物品，通信手段が十分そろっていない。逆に被災の中心部であるほど，正確な情報が届きにくい。今後どのようになるかもわからない不安をかかえながらの立て直しをする。目の前にやるべき事が山積みで，大人自身が自分の気持ちに向き合うゆとりは持てない。ほとんどの人が経験のない被災は，言葉にすら表せないことが常である。その中で，子どもの心に気配りすることは困難な状況である。時には，災害時の自分の行動を後悔し，自責の念を持つこともある。

復興状況の推移により，問題は変化していく。被災状況を受けとめ，他の

第5章　子どもの精神保健とその課題　　109

人と被災状況や立て直しの進み方の違いなどにも目が行き，複雑な感情を持つこともあろう。しかし，それらの感情を他者と分かち合うことが困難で，一人で抱え込みがちになる。

　少しずつ生活が戻り，張り詰めた緊張感のある状態から，多少とも心身共に休息が取れるようになる。この頃，それまでは感じなかった感情が吹き出しやすくなる。自分の感情と向き合い，言葉に出せると少しずつ気持ちが軽くなる。このようになるまでに数年，時にはもっと長期間かかることもまれではない。

❷　子どもの行動と対応

　子どもは何が起きているかの理解も，気持ちを言葉で表現することも難しい。大人の深刻な様子をみて，大人たちに心配させまいと振る舞う子どももいる。それらの無理が，親から離れられない，夜眠れない，おしゃべりが止まらないなど表5－3のような行動となって表われる。非常事態の時には，普段の問題が顕著になる傾向がある。発達障害の子どもが，以前よりも集中できず落ち着けないなどである。

表5－3 災害時の子どもの不安の表現
●今までできていたことができなくなる（抱っこをせがむ，食べさせてほしがるなど） ●怖がる，親のそばにずっと居たがる ●眠れない，寝るのを怖がる，怖い夢にうなされる ●しゃべり続ける，赤ちゃん言葉を使う ●多動，落ち着きがなくなる ●攻撃や乱暴な行動をする ●身体症状を訴える（頭痛，腹痛，食欲がないなど）　など

（パンフレット「お子さんの不安を包んであげましょう！」を参考に作成）

　子どもが抱えている不安を大人が理解し受容すると，少しずつではあるが不安は軽減する。子どもを抱きしめる，行動を否定せずに気持ちを受けとめる。また，子どもは「何もできなかった」「自分のせいで大変な事がおきた」と自分を責めることがある。このような時には「あなたは悪くない」ときちんと伝える。表5－4を参考に子どもが安心感を感じられる対応をしていこう。

表5－4 被災後の子どもへの対応
●子どもの不安を否定せず，受容する ●抱きしめたり，一緒に行動する ●子どもの話をよく聴く（視線を合わせ，じっくりと聴く） ●すぐに対応できないときには，子どもにわかるように理由を説明し，対応できる時を示す ●自分を責めた時には「あなたは悪くない」と伝える ●攻撃などの行動には，子どもの根本の気持ちを言葉で伝え，適切な表し方を伝える（例えば，イライラするよね。その時は，私に話してね）

（パンフレット「お子さんの不安を包んであげましょう！」を参考に作成）

小さい子どもは，メディアの衝撃的なニュースにさらさない。保育士は，子どもの生活を以前の状態にできるだけ近づけるようにする。例えば，一定の時間に集まり，友だちと一緒に過ごす時間をもつ。生活のリズムがつくられ，友だちと会える時間が確保されると，心の支えとなり不安が軽減する。遊びや運動で，気持ちが解放され，落ち着きや活力を取り戻す効果をもつ。

活力を取り戻す：
喪失体験への心のケアプログラム（Rainbows）の中に広域自然災害時の被災時児・者を対象としたシルバーライニング（Silver Linings）プログラムがある。

❸ 保護者の行動と対応

大きな喪失を体験した保護者も，心身に大きな影響がでる。強い恐怖感や逆に何を感じているかわからない感情の鈍麻，睡眠障害，集中力の低下等々，表5－5にみられるような多様な状態をもたらす。仕事や親としての役割に奔走し，疲れ切っていてもその自覚が持てないことも生じやすい。保育士は，保護者と辛さなどを分かち合うことや休息も大切にしながら行動することを共有していこう。被災後の子どもの心理や行動，そして対応のポイントを伝えることも保護者の安心につながる。また，不眠が続く場合などは，医療機関を紹介することもある。睡眠が改善されると，元気を取り戻しやすい。時には，いつも支援されるだけでなく，可能な範囲で手伝いをし自分の力が役に立つことで元気になる場合もある。

表5－5
被災後の大人の状態

（The National Child Traumatic Stress Network 資料を参考に作成）

```
●恐怖感や不安，イライラする
●感情が鈍磨する
●悪夢をみる／眠れない
●集中力の低下
●人を避ける
●人が変わったようになる
●アルコールなどの摂取の増加　など
```

❹ 保育士自身の心がまえ

保育士自身も被害を受けている時も多々ある。そのような時でも，保育士は子ども達を守りたい強い思いで，被災後の立て直しの仕事に夢中で取り組む。自らの生活の立て直しや自身の心身のことを後回しにしがちである。自分の気持ちに向き合うことや休息をせずに行動し続けると，心身の不調をきたすことになる。元の生活を取り戻すのは，長期戦である。焦らず，"細く長く"を心がける。同僚や一緒に行動する人と，たとえ短時間でも思いを分かち合うと気持ちは軽くなる。あるいは，困り事を他者に伝えると，サポートが得られることもある。いずれにしても，自分だけで抱え込まないことが大切である。心身が不調の時には，精神科医や保健師，心理相談員などに遠慮なく相談しよう。

- 自分の心身にもアンテナを張り,『自分』をいたわろう
- 家族や信頼できる人と過ごす時間をとる
- 悲しむ事に時間をかける
- 話して楽になるのなら,話す
- 以前の生活のリズムに近づける
- 睡眠と休息をおろそかにしない
- 一度に沢山のことをせず,少しずつを心がける

表5－6
保育士の心得

(「災害時ハンドブック」,
The National Child
Traumatic Stress Network
資料,筆者の震災後支援活
動の実践を参考に作成)

7 児 童 虐 待

1 児童虐待と種類

　安全で安心な環境で愛されて育つべき子どもが不適切な対応を受ける,あるいは DV をみて育つ(第4章③参照)ことが児童虐待になる。虐待は4種類に分類される(表5－7)。身体的虐待は,何らかの傷あとが残るので最も発見がしやすいが,医療機関で発見される時にはかなり重い場合が多い。男性による虐待は強い力がかかり,内臓破裂など怪我の程度が重症になりやすい。ネグレクトは,子どもの成長や健康保持に必要な世話をしない状態である。心理的虐待は,子どもの存在を否定したり脅かすような言動や拒否的態度などであるが,日本の場合には,度を越した過保護も子どもの人権を脅かしていると考えられる。性的虐待は,水着を着て隠れるいわゆるプライベートゾーンに触れたり,強制的に子どもにプライベートゾーンに触らせるなどが含まれる。心理的や性的虐待は発見が難しく,水面下で相当数あると予測されている。

児童虐待とＤＶ:
児童虐待を受けたと思われる児童を発見した時に,速やかに児童相談所等への通告が義務付けられ(児童虐待防止等に関する法律),2004年の改正では,従来の虐待に加え『児童が同居する家庭における配偶者に対する暴力』も児童虐待として定義づけられた。従って,ＤＶは当事者だけでなく,子どもへの影響からも法的対応の対象となる。児童の安全を守りやすく行政の役割を強化(2008年)。児童福祉法では児童虐待発生予防と発生時の迅速な対応を明記した(2016年)。

児童虐待相談対応数:
児童相談所が対応する児童虐待相談対応件数は,年々増加している。2017年度対応した児童虐待相談対応件数は133,778件と過去最高であった。以前は身体的虐待が圧倒的に多かったが,近年では心理的虐待とネグレクトが増加している。2017年度は,心理的虐待,身体的,ネグレクト,性的虐待の順になっている。また,数は少ないが,性的虐待は表面に出にくいことを加味すると,氷山の一角と捉えるべきであろう。

虐待の種類	内　　容
身体的	たたく,蹴るなどによる外傷を負わせる。首を絞める,やけどをさせたり,激しく揺すって生命に危険のある暴行をする。意図的に子どもを病気にさせるなど。
心理的	無視,拒否的態度,子どもの心に傷がつくことを繰り返し言う。きょうだい間の著しい差別的扱い。家庭内で他の家族への暴力や虐待を見るなど。
ネグレクト	子どもの成長や健康保持に必要な世話をしない(食事や衣類が不適切など)。家に閉じ込める,必要な医療的ケアを受けさせないなど子どもの健康・安全への配慮を怠っている。子どもの遺棄など。
性　的	性的暴行。性行為の強要や性器,性交などを見せる。ポルノグラフィーの被写体を強要するなど。

表5－7
児童虐待の種類

(恩賜財団母子愛育会・日本子ども家庭総合研究所編「子ども虐待対応の手引き」を参考に作成)

2 子どもの行動と心理

　虐待を受けている場合に，子どもは表5−8のような状態や行動を示す。大人から受ける対応は，それがたとえ不適切であっても，自分が悪いから仕方がないと思い込みがちである。そして，子どもは自分自身を守るための防衛反応をする。無意識的に，子どもは自分の感情を後回しにし，大人に応じようとする。喜怒哀楽の感情を抑え，つらくても泣かないなどあたかも感じていないかのように振る舞う。あるいは，大人の顔色を見ながら行動する，反対に，安心した環境ではストレスを発散し暴力をふるったり感情を激しく出すなどである。

表5−8
被虐待児があらわすサイン

（カナダ政府・子ども家庭リソースセンター監修　向田久美子訳「ノーバディーズパーフェクトシリーズ」『親』2002 を参考に作成）

虐待の種類	被虐待児が表すサイン
身体的	あざや切り傷，打撲や骨折などの体の怪我，火傷など身体に症状がある
心理的	おどおどする，予測できない行動をとる，落ち着きがない，おもちゃを虐待するなど
ネグレクト	体や着ているものが不潔，疲れている，空腹状態，成長や発達が見られない
性　的	悪夢をみる，暗闇や一人で眠ることを怖がる，性器がはれたり傷ついている，腟や肛門から精液や体液が出ている，（遊びなどで）性的な行動を取るなど

　不適切な養育が続くと，意欲が低下し子どもらしい生き生きとした状態がなくなっていく。子どもは，他者への信頼感も自己への肯定感も形成しにくい傾向をもつ。低い自己肯定感と不安定な心をもつことになる。安心な場で出す子どもの不適応な行為は，“助けて！”のサインである。その状態を放っておいたり，表面的な対応に終わると，心の傷や身体的傷が深刻化する。性的虐待は成長してから強いショックを受け，その心的外傷後ストレス障害の治療に困難を要するので，周囲の大人が早くに気づいてあげたい。

　また，コラムに示すように，子どもは虐待する相手を守る傾向がある。怪我をしていても「自分が転んだ」「わすれた」などと虐待を隠す。子どもに言葉で確認することに頼りすぎず，子どもの行動から読み取ることが求められる。

　家庭内にアルコールや薬物の問題，DV などがあると，ゆがんだ家族関係となり子どもの発達に大きな影響を及ぼす。虐待が続くと，子どもは不適切な感情の表し方や支配—被支配という人間関係を学習する。その学習の結果が，世代間伝達につながっていく。自分が受けた虐待は自分の子どもにはしたくないと思うが，学習したことが出てしまうのだ。このことは，子どもの虐待の予防が，世代を超えて重要な意味をもつことと，親を支援するときに，新たな適切なかかわり方の学習が必要であることを示唆している。

第5章　子どもの精神保健とその課題　　113

● **コラム　《子どもは虐待する相手を守る》**

　ある保育園で，保育士が一人の子どもに虐待をした。

　言うことを聞かない園児を叱った。ところが自己主張をしたい２歳の子どもは保育士の「わかった？」という念押しの言葉に「うん」と返事ができず，黙り込んだ。保育士は，感情的になり子どもの太ももの内側を思い切りつねり，青あざとなった。帰宅後，母親が気づきどうしたのかを子どもに尋ねた。かねてより，我が子の怪我が多いのを母親は心配していた。しかし，子どもは「転んだ」と答え，保育士がやったとは決して言わなかった。子どもが毎日過ごす保育園での悲しい出来事である。

　乳幼児健診で母親から相談を受けた心理相談員と保健センターの保健師との連携により，保健師の保育園巡回時に，保育士の虐待が発見された。

---

③　発見と対応

● **事例５−５**

　４歳児のＢ子はいつも人形のようなかわいい服を着ている。保育士に甘えるのは上手であるが，Ｂ子のままごと遊びの態度が気になっていた。母親役をすると子ども役の友達に命令調で話し「全く何の役にもたたないのだから」「そんな子はいらない」などの言動がしばしば聞かれるのである。時々，小学４年の兄・Ａ男がＢ子の迎えに来る。服装はＢ子と対照的で体格に合わない汚れているものである。Ａ男は控えめで言葉は少ないが，子どもらしさに欠ける感じを保育士が受けていた。ある日，Ｂ子が保育士に母親が兄をたたいて食事を与えないことを話した。

　虐待は，子どもの心身の発達に大きな影響を与えるだけでなく，長期的な影響があり，早期の発見，対応が必要である。保育士は虐待を発見し，子どもの健全な育ちを守る立場にある。

　保育の場では，着脱の際に怪我ややけどなどがないか身体を観察したり，子どもの身辺の清潔や体の成長状態などに気を配る。子どもの言動や行動には気をつけ，心理的あるいは性的虐待の発見も見逃さないように努める。子どもの言動や行動に変わったことはないかを気にかけながら保育をする。特に発見の難しい性的虐待は，子どもの人格形成に重大な影響を与えるので，早期発見を心がける。性的虐待を受けると往々にして子どもの行動が急変す

る。怯えや独りでいることを怖がる，感情が不安定になる，あるいはままごとなどで性的な言動や遊びをするなどである。子どもを問い詰めず，細心の注意を払いながら保育をする。児童相談所等と連携し適切な支援体制の構築を考える。子どもは虐待をしている相手を守る発言をしやすい（本節2コラム参照）。無理に問い詰めると，そのことが親や加害者に伝わり，再度虐待にいたる場合があり，慎重な対応が望まれる。日常の中で，困ったことを子どもが保育士に言える関係作りも虐待の早期発見や適切な対応につながる。

4 通報の流れ

　児童虐待またはその疑いのある児童を発見した場合には，**児童相談所**等への速やかな通告が義務付けられている（児童虐待の防止等に関する法律）。通報は，子どもの発達を保障するためであるから，適切な環境調整への支援体制をつくることが目標である。虐待の通報の流れは，図5－5に示す。児童相談所へ通報が入ると，児童相談所は児童の安否を確認し，調査によって虐待かどうかの判断をする。親への支援体制をつくり，その家庭に応じた継続的支援が虐待の再発を予防する。緊急時には子どもの安全を優先させ，子どもを保護する。**虐待の加害者**へ指導をするが，矯正プログラムは不十分なのが現状である。悪くすると通報されたことで虐待が繰り返されたり，また，その地域に住みづらくなり転居をし，児童相談所が継続的にかかわりにくくなる場合もある。児童相談所は，時には子どもの保護と親支援という相反する機能を行使せねばならない。その他の機関との連携をして，親の支援体制の構築が必要となる。

図5－5
虐待を通報したときの流れ
（恩賜財団母子愛育会・子ども家庭総合研究会編「子ども虐待対応の手引き」を参考に」永田が作成）

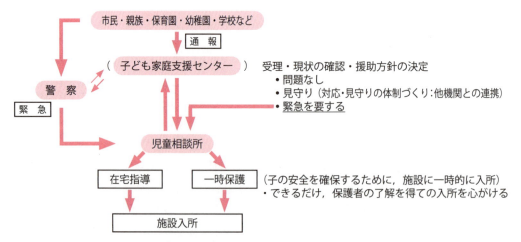

＊東京都の場合には，先駆型の子ども家庭支援センターが通報の一次窓口となる。センターがない地域では，直接児童相談所が通報の窓口である。

第5章　子どもの精神保健とその課題　　115

5 予防的対応　―危険因子は何？―

　子どもを虐待するのは親が一番多い。それだけ，子どもを育てる営みは，困難を伴うということでもある。家庭内の夫婦関係や子育てのイライラを弱い子どもに出してしまいがちである。保育士は虐待を生み出しやすい状況（表5-9）を知り，サポートにつなげる。親へのさりげない配慮が虐待の予防となる。

状　況	高リスク	低リスク
サポート	なしあるいは拒否	あ　り
家　　族	夫婦不和・DVがある	普　通
生活状況	地域で孤立・親族と対立	友人あり・親族が支援的
妊娠分娩	望まぬ妊娠・早期の母子分離	問題が少ない・周囲の祝福
経済状態	不安定・苦しい	安　定

表5-9
虐待のリスクアセスメントの指標

（子ども虐待予防地域保健研究会「子ども虐待予防のための地域保健活動マニュアル」を参考に永田が作成）

　子どもをかわいいと感じられる親子関係が育っていれば，虐待は発生しにくい。ゆとりの持てなくなる危険因子とはどのようなものだろうか。育児の手助けがない，精神的な支え手がいない，パートナーの協力が得られない，親にも子にも子育て仲間がいない，親自身の精神的な問題，経済的な不安などは親の側の要因である。

　子どもの側に何らかの育てにくさがあり，親が努力をしても空回りをし，育児の楽しさを感じられる関係が作れないことがある。親としての自信をつけられない状態が続く時はとても危険である。子どもが過敏で泣き方が激しい，反り返りが強く抱かれるのを嫌がる，夜泣きが続く，出生後まもなく親子分離となり親子の関係性を形成できなかった場合，子どもが言うことを聞かないなどだ。例えば，低出生体重児で出生し，命を守るために新生児集中治療室に入り親子分離を余儀なくされた時，あるいは母体の治療のために育児ができない時などである。普通ならば，授乳などを通して親子のかかわりを育み，その延長線上に育児があるわけだが，初期の育み合いを経験しないまま育児に入る時には，相当のサポートが必要になる。乳児の欲求を読み取り，やり取りが楽しめるようになると，この危機は脱したといえるだろう。幼児期になると，子どもの自己主張とぶつかることもでてくる。

　親が一人で抱え込まずに，「助けて」が言えるよう，普段からの保育士との関係作りが問題の深刻化を防ぎ虐待の予防となる。いつでも話を聞いてもらえる，頼れる人がいると思うだけで，肩の荷が軽くなるからだ。

新生児集中治療室（NICU）：
低出生体重児等の治療のための集中治療室である。NICUでは，誕生直後の母子分離を余儀なくされ，基本的信頼感の形成が困難な事態もある。その対処として，入院中にカンガルーケアを導入している病院もある。

❻ 親への対応

● 事例5−6

　保育士はA男へのネグレクトや心理的虐待，B子を思うままに動かそうとする親の態度を念頭に置きながら，親がそのような気持ちになぜなるのかをわかろうとした。お迎え時に親と話すように努め，日々の保育ではB子の言動に気をつけた。また，保護者会ではクラスの様子を伝えながら，理屈を言うようになる4歳児の発達と不適切な養育について全員に話した。母親の個人攻撃にならないように配慮したのだ。なかなかうまくいかないことも多い年頃なので，親の希望があれば個人的にいつでも話し合いを持てることも伝えた。

　母親は，B子はかわいいが，A男には困る。学校のことも話さず，何を考えているのかわからないと育児への戸惑いを話すようになった。保育士は，一生懸命な母親の気持ちを受け取り，保育士が認めているA男の様子を話すよう心がけた。家庭で子どもとのトラブルがあったときには，母親が保育士に話すようになり，A男への声かけが優しくなってきた。

　どのように支援したら，親は適切な育児を身につけられるだろうか。事態が悪化する前に，保育士は親の気持ちや家庭状況の理解に努め，子どもへの向き合い方を伝えるなど普段からの対応を心がける。福祉制度の利用によって，経済的に安定し育児の改善につながる場合もある。家庭状況は刻々変化するので，継続的に見守っていく姿勢も持とう。

　子どもを叩いたり傷つくことをしてしまう親は，自分でも虐待しているのではないかとの不安，やめたいのにできないジレンマを持ち，親自身の自己評価が低い傾向がある。したがって，周囲の人が自分に向ける態度や言葉に敏感である。虐待が疑われたら，保育士は親とのコミュニケーションを普段以上に心がける。そのときに，親からの話に心を傾けて聴き，親の思いを受け止めるよう最大の努力をする。それは，保育士が一人の人として，親と向き合うことを意味する。保育士は，親のできていない面を見るのではなく，少しでもできているところ，努力している面を見つけて伝えていく。相手への肯定的なメッセージが伝わり，自己評価が少しでも高くなれば心の安定感が増す。周囲から強制されたのではない，親自身の内側から沸いた優しさが発揮でき，結果として虐待の減少となる。

　保育士が自分の価値観で親を判断し，親としてやるべきこと（理想の親像）を伝えても事態は全く改善せず，逆に悪化する可能性が高い。自分の気持ち

第 5 章　子どもの精神保健とその課題　　117

をわかってくれず説教をする人に対して，信頼を持つことは誰もできないからである。親がこの保育士なら信頼できる，自分の気持ちや辛さをわかってくれる，自分を否定せず心から自分のことを思っていると，普段の保育士との何気ない会話を通して伝わることが大切である。保育士にその役割が無理なときには，親が相談できる機関を紹介し，その機関と連携を取って親を支えていく。

7　子どもへの対応

　子どもは自ら虐待を受けていることを言わない。また，大人に応じる行動を取るため，よい子と思われて一見問題がないように見えることもある。従って，周囲の大人が子どもの発しているサインに気づき，早めに対応をしていきたい。

　安心した場では自分の感情を極端に出す，乱暴をする，他児に対して支配的な行動をするなどがみられることもある。家庭での親の捉えている子ども像と保育の場での行動とのギャップが見られる。このような行為は集団生活ではトラブルとなりがちである。保育士は子どもの表面的な行為に惑わされることなく，子どもの心を受け止める。同時に，子どもの行動を引き起こす背景の把握に努めていく。子どもに対しては，怒りなどの感情を持つことがいけないのではなく，その適切な出し方を習得できるように，社会的スキルを教えながら心の安定が形成できる保育を心がける。信頼できる大人が一人でもいると，子どもの自己肯定感が高められる。他方，虐待が続く状況を改善していく努力も同時に求められる。学童児であれば，保育士が対応できない時間に，子どもが社会の支援とつながれるように支えることもできる。例えば，親と話し合い，子ども食堂等のような社会資源を利用する。家庭だけでなく，“社会で子育て”の視点で子どもの育ちを支えていく。

　コラム（p.113）のように，言葉で虐待の事実を子どもから聞き出すことは困難であり，危険を伴う。従って，子どもの様子や行動・言動の変化，身体状態などから状況を感じ取れるように，保育士は知識を持ち，感性を磨こう。

8 発達障害

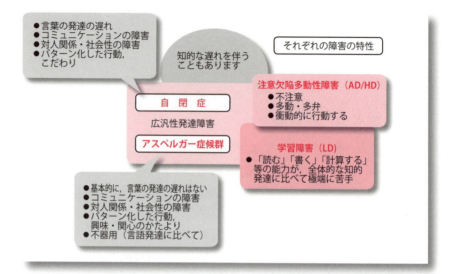

図5-6
4つの障害の関連

(厚生労働省政策レポート
「発達障害の理解のために」)

　日本では，2004年発達障害者支援法の制定と2007年特別支援教育の実施（文部科学省）によって，発達障害を持つと思われる子どもに対して，福祉と教育の両者が支援する方針となった。その後の法改定によって，就労や生活全般についての支援が整いつつある。DSM-5では，自閉スペクトラム症，注意欠如／多動症，限局性学習症が『発達障害』に該当すると考えられる。いずれも，個人的，社会的，学業等に困難を持ちやすい。これらと知的障害の関連は図5-6に表わされる。

❶ 自閉スペクトラム症

自閉スペクトラム症
(ASD：**A**utism **S**pectrum **D**isorder)：
『精神障害の診断と統計マニュアル』第5版（DSM-5）において，神経発達症群に分類される。脳の機能障害と言われ，自閉症スペクトラム障害とも言う。

　自閉スペクトラム症（ASD）の人は，相手の意図を読み取る等の人と情緒的関係の困難，非言語的コミュニケーションを用いることが苦手で，自分の興味・関心から他者に合わせ人間関係を理解し発展させることが難しいなどの特徴をもつ。女児より男児に数倍多い傾向がある。知的理解力は，かなり個人差がみられる。粗大な運動発達は通常の傾向があるが，協応動作は苦手である。自分の興味のあることには飛び抜けた能力を発揮するが，関心のないことは全く吸収しないこともある。
　乳児期には視線を合わせない，人見知りをしないなどの特徴的行動がみられる。一般的に，乳児は養育者に視線を頻繁に向け，養育者の行動の背後にある意図を理解していく。ASDの乳児や子どもは，人に視線を向けることが少なく，モノに向ける。従って，上記のような情緒的な人間関係の習得が

困難な状態となる。また，興味の偏りやこだわり，**感覚の異常**がみられ，特異的な認知や物事の捉え方をもつ。幼児期には他者の表情を読み取ることが難しい，集団の遊びに興味がなくその意味の理解が困難など表5－10のような行動特徴がみられる。**共同注意**が苦手で，言語の遅れやオウム返しのような独特な使い方をする。学童期には，勝ち負けに興味を示さず，相手の心情とは関係なく思いついたことを言うので，しばしばトラブルが起きることになる。視覚より聴覚刺激の把握が苦手な傾向をもつ。

表5－10
自閉スペクトラム症の行動特徴

❶	乳児期	視線を合わせない。人見知りしない。
❷	幼児期	他人の表情を読み取れない。集団での遊びの意味が理解できない。 共同注意がない。独特なことばの使用。
❸	学童期	勝ち負けに興味を示さない。思いついたことを言う。人にだまされやすい。

　ASDの子どもは，物事の感じ方や理解の仕方が特有であり，周囲になかなか理解されにくい。感覚の過敏があることにより，新しい場所や音，状況が苦手である。自分の気持ちや思いを他者にわかって貰いにくく，安心な体験を重ねることが難しいと考えられる。また，相手の言動や状況を十分に理解できないまま不安を感じながら生活を送っていると考えると理解しやすいだろう。

　知的障害がないASD児は，自分の関心事には深く入り込むが，それ以外のことには極端に興味を持たない。人とのコミュニケーションでは表情や語調等から相手の意図や感情を読み取ることが難しい。言葉で表された内容のみで会話を進めるので，しばしば相互に誤解が生じる。言語習得期である幼児期には，感情のやり取りがスムースに行かず社会的行動に幼さがみられる。従って，子どもは不可解な注意や叱責を受ける経験を積み重ねがちである。その結果，安定した対人関係がますます育ちにくくなる。大人が一般的な方法で教えようとすると，お互いに理解できず行き違いが起こることも頻繁である。

　保育士は，早期に子どもの傾向を把握し，子どもの習得しやすい保育内容や提示の工夫が必要である。手順や内容の変化を少なくする，理解しやすくするために**視覚的手がかり**を準備する，苦手な"自由に決める"内容は少なくするなどである。子どもが興味をもつことを尊重しつつ新たなことを少しずつ提示し，興味が広がるように支援する。否定的体験を積まないようにして，**二次的障害**の予防が肝要である。

視覚的手がかり：
言語での聴覚的認知が苦手な時に，視覚的な情報も提示し理解しやすくする。例えば，保育の一日の流れを写真や絵を添えて表示する。

　ASDの特徴が強く，知的理解力に問題がみられる子どもの場合には，生活習慣等の習得も思うようにできない子どももいる。人よりもマークや車などに強い関心を示し，言語発達の遅れやおうむ返しのような特徴的な使い方などがみられる。**興味の偏り**や**こだわり**が強く，情緒的な交流がしばしば困難である。保育士は，子どもの興味をベースにしながら，それに関連する新

しいことを少しずつ提示して行く。しばしば感覚過敏を持つ場合もある。例えば，過敏な聴覚を持っていると，スーパーマーケットのような所では，雑多な音を聞き取る。不安を強く感じやすいと考えられるので，興味が広がることや集団生活になじむには時間がかかる。決して急いではいけない。

２ 注意欠如／多動症

注意欠如／多動症：
（Attention-Deficit/
Hyperactivity Disorder：
AD/HD）

　注意欠如／多動症（AD/HD）は，年齢あるいは発達に不つり合いな多動性，不注意，衝動性が特徴で，しばしば不適応の状態を示す。乳幼児期から12歳未満に継続して多動等の症状が発現する。中枢神経系に異常があると考えられている。多動性は，落ち着きがなくじっとしていられない，長く着席ができず立ち歩く，おしゃべりが止まらないなどである。気が散りやすい，注意の集中の持続が困難で，不注意なミスが目立つこともよくみられる。思ったらすぐに行動に移してしまう，我慢ができないなどが衝動性である。他者の状況や気持ちを考えず，思ったことをそのまま言葉にしてトラブルを招くことも少なくない。本人はトラブルの理由がわからず，不可解な失敗経験や叱責を受けやすい。自己肯定感が低く，自信を失い意欲が低下するなどの二次障害をもつAD/HD児も多い。

　障害を治すのではなく，症状との付き合い方を覚え，症状があっても適応的な行動を取れればよいと考えていく。多動を低め注意を集中しやすくするために，学童に入る頃から服薬をする場合もある。また，集団生活と療育を並行することも，生活をしやすくする方法である。例えば，**ソーシャルスキルトレーニング**（SST）などの療育を受け，感情のコントロールの仕方を改善するなどである。

ソーシャルスキルトレーニング：
（Social Skill Training）
社会的スキル訓練。認知行動療法の一つに位置づけられる。社会生活を送りやすくするために，会話や意思伝達等のスキルを学ぶ。

　保育では，子どもには，具体的に一つずつ提示し，実際の場面で体験的な学習につなげる。保育士が一回に伝える内容を少なくする。また，環境に左右されやすいので，静かで落ち着いた場で伝える方が集中しやすい。注意をする時に，「走ってはだめ」ではなく「ゆっくり歩こうね」のように，肯定的な伝え方を心がけよう。不適切な行動を注意するだけでなく，望ましい行動を根気よく繰り返し指導していくことや本人が考える問いかけも必要である。自信がつくことや集団の中で居場所を持ち対人関係で孤立しないような配慮をしていこう。

３ 限局性学習症

限局性学習症：
（Specific Learning
Disorder）

　限局性学習症（SLD）は，知的発達の遅れは伴わないが，「読む」「書く」「計算する」「推論する」能力の習得と使用に困難がみられる障害である。読字

障害が強い，似た字を書き間違える，算数でつかえるなど，子どもによって
弱い部分が異なる。また，注意力・集中力の弱さや不器用さなどもみられる。
幼児期には，言語の遅れを示すことが多い。気が散りやすく遊びが転々とし，
物事にじっくり取り組めず生活技術の習得が進みにくい。苦手なことをやら
ない態度を「ふざけている」等と誤解されることもしばしば起きる。対応に
親も苦慮する。理解されない対応が続くと，無気力など二次的情緒障害が生
じる。

　保育では，子どもに応じた達成課題を設けて，意欲を失わないようにする。
手先を使うことも全身運動も子どもが興味をもてる保育内容を工夫する。注
意を与えることは最小限にし，肯定する言動を心がける。生活年齢や他児と
の比較で子どもを判断すると達成できないことが目立ち，注意をする声かけ
が多くなりやすい。子どもの半年前など，その子の過去の姿と比べると成長
が確認でき，適切なかかわりができる。

4　発達性協調運動障害

　全身的な運動発達には目立った遅れはないが，手先の細かい運動が生活に
支障をきたすほど不器用な子どもである。幼児では鋏が使えなかったり簡単
な図形を模写できない，絵を描かない等の行動がみられる。学童では字がス
ムースに書けなくて，時間内に書き終わらず成績が悪い事もある。アメリカ
では5％程度この障害がみられるとの統計がある。達成感のもてる練習を重
ね，本児なりに発達していく保育を心がける。年齢が高くなると，本人が他
児と比較し自信を失うこともある。保育士は，結果だけではなく，物事への
取り組む意欲やそのプロセスを楽しむことも大切にしながら，二次障害を防
ぐようにする。

● やってみよう

❶ つらいことがあった時，どのような気持ちや状態になるかを考えて
みよう。

❷ 自分が落ち込んだ時を思い出し，どのような支え方をしてほしいか
を話し合ってみよう。元気になる支え方とそうでない支え方を比べ
てみよう。

❸ 子どもが感情を発散しやすいかかわり方や遊びを話し合ってみよ
う。

❹ どのような支えがあると，意欲的になれるかを話し合ってみよう。

●参考文献・図書●

① S.N.Mallch『母・乳児とコミュニケーション的音楽性』Macarthur Auditory Research Centre Sydney, University of Western Sydney Macarthur 2006

② 大藪泰「乳児の共同注意の研究パラダイム」『早稲田大学大学院文学研究科紀要』Vol.59, p.5-20 2014

③ 山口真美 金沢創『乳幼児心理学』放送大学教育振興会 NHK 出版 2016

④ Meltzoff A.N.& Moore M.K.「Imitation of facial and manual gestures by human neonates」Science vol.198, p.75-78 1977

⑤ 明和政子『まねが育むヒトの心』岩波書店（岩波ジュニア新書）2012

⑥ 河合隼雄『大人になることのむずかしさ』岩波書店 1996

⑦ 河合隼雄『閉ざされた心との対話』講談社 1999

⑧ 渡辺久子『母子臨床と世代間伝達』金剛出版 2000

⑨ 橋本洋子『ＮＩＣＵとこころのケア』ＭＣメディカ出版 2000

⑩ S. マルタ，子ども家庭リソースセンター訳・編『シングルシンフォニー』小学館スクウェア 2000

⑪ 野沢慎司・茨木尚子・早野俊明 ,SAJ 編著『Q & A ステップファミリーの基礎知識』明石書店 2006

⑫ ヴィッキー・ランスキー著，中川雅子訳『ココ，きみのせいじゃない』太郎次郎社 2004

⑬ 古荘純一『発達障がいとは何か』朝日新聞出版 2016

⑭ 岡田尊司『パーソナリティ障害』PHP 研究所（PHP 新書）2004

⑮ 岡田尊司『発達障害と呼ばないで』幻冬舎（幻冬舎新書）2012

⑯ 岡田尊司『愛着障害』光文社（光文社新書）2011

⑰ FourWinds 乳幼児精神保健学会「災害時の子どもの心のケア関連資料ハンドブック」2011

⑱ The National Child Traumatic Stress Network（J.D.Osofsky & H.Osofsky）

⑲ パンフレット「お子さんの不安を包んであげましょう！」（郡山市子どものこころケアプロジェクトー郡山市，郡山市教育委員会，郡山医師会）2011

⑳ 東京臨床心理士会「災害時ハンドブック」2011

㉑ 国立生育医療研究センターこころの診療部「災害心理教育」(http://www.ncchd.go.jp>kokoro)

㉒ Rainbow 子ども家庭リソースセンター監訳「シルバーライニング」2011

㉓ 磯部裕子『震災と保育１』(Nanami Booklet No 3) ななみ書房 2016

㉔ 社団法人家庭問題情報センター『夫婦の危機と養育機能の修復』2003

㉕ 子ども虐待予防地域保健研究会『子ども虐待予防のための地域保健活動マニュアル』社会保健研究所 2002

㉖ 恩賜財団母子愛育会・日本子ども家庭総合研究所編『子ども虐待対応の手引き』改訂版 有斐閣 2005

㉗ カナダ政府，向田久美子訳，子ども家庭リソースセンター編「Nobody's Perfect（誰も完璧ではない）シリーズ」『親』ドメス出版 2002

㉘ アリシア .F. リーバーマン，チャンドラ道子 . ゴッシュイッペン，パトリシアヴァンホーン著，渡辺久子監訳『虐待 DV トラウマにさらされた親子への支援』日本評論社 2016

㉙ 日本子ども虐待防止学会「子どもの虐待とネグレクト」特集第 23 回学術集会，『日本子ども虐待防止学会学術雑誌』20 巻 2 号 2018

㉚ 永田陽子『０歳児支援保育革命１』ななみ書房 2019

㉛ Rainbows, 子ども家庭支援センター訳『ファシリテーター・トレーニングマニュアル』2011

（永田陽子）

さくいん

あ　行

愛　11
愛着障害　64，99
アイデンティティ　18，104
遊び　15，16
遊び場　30
育児ストレス　49
育児不安　49
いじめ　103
遺糞　95
異文化の家族　80
うつ病　106
エリクソン　9，86
オナニー　98

か　行

学業不振　102
学習　9
過食症　105
家族　23
家庭　23
家庭内暴力　105
過適応　67
過敏さ　64
過保護　101，102
感覚の異常　119
環境要因　88
間主観的な体験　92
かん黙　98
吃音　97
気になる行動　87
希望　11
基本的生活習慣　14
虐待の加害者　114
虐待の通報　114
虐待の予防　115
ギャングエイジ　17
9歳の壁　17
共同注意　92，119
強迫性障害　105

興味の偏り　64，119
拒食症　105
疑惑　15
勤勉性　101
具体的操作期　17
経験の場　24
形式的操作期　17
ゲーム依存症　104
限局性学習症　120
コ・アクション　64
高学歴化　36
肯定的メッセージ　116
刻印づけ　12
子育て　21
子育て世代包括支援センター　63，81
子育ての負担感　49
こだわり　64，119
子ども・子育て支援新制度　55
雇用　37

さ　行

災害　108
里親家庭　78
三歳児神話　30
視覚的手がかり　119
自我同一性　12
自我の統合　10
自我の発見　18
自我の発達　98
自己意識　13
自己決定　93，99
自己効力感　15
自己制御　14
自己中心性　16
仕事と家庭の両立　51
思春期危機　18
児童期　17，101
児童期の精神保健　101
児童虐待　71，102，111
児童相談所　114
自閉スペクトラム症　118
社会化　24
社会資源　24
社会的ひきこもり　18，105

集団生活　103
集中力　65，100
少子化　31
情緒的つながり　23
情緒的問題　67
消費化　33
障害　59
情報化　33
情報弱者　36
食事　95
女子差別撤廃条約　44
女性活躍推進法　44
女性相談センター　70
自律　13
シルバーライニングプログラム　110
人格的活力　11
心身症　92
身体的虐待　111
心的外傷後ストレス障害　71，112
心理的虐待　111
スクールカウンセラー　101，106
ステップファミリー　39，76
スモールステップ　63
成人期　19
精神的健康　10
精神発達課題　86
生存と生活　23
性的虐待　96，111
青年期　17，104
青年期の精神保健　104
摂食障害　105
世話 11
漸成　10
相互性　12
喪失体験　19，60，73，107
ソーシャルスキルトレーニング　120
育てにくさ　59

た　行

待機児童　51
第二次性徴　17
多動　65
多様性　25

男女共同参画　44
男女共同参画基本計画　44
男女共同参画社会基本法　44
男女雇用機会均等法　44
男性の家事・育児　50
地域ケア　58
知恵　11
チック　96
知的障害　102，119
注意欠陥／多動症　120
忠誠　11
長時間労働　50
爪かみ　98
同一性　12
登園拒否　99
特別なニーズ　57
都市化　30
ドメスティック・バイオレンス
　（DV）　68，102，111，112
・国の DV 加害者更正への取り組み
　71
・DV 加害者向け更正プログラム
　71
・DV のサイクル　69
・DV の社会的対応　70
・DV 家族への対応　71
共働き世帯　42

な 行

二次的障害　119，121
乳児期　12
乳児期の精神保健　90
乳幼児健康診査　89
脳　12
脳性まひ　59

は 行

パーソナリティ　12
パーソナリティ障害　106
排泄　94
発達　9
発達加速現象　17，18
発達課題　10
発達障害　118
発達性強調運動障害　121

発達段階　9
場面かん黙　98
ひきこもり　105
非行　107
非正規雇用　37
ひとり親　38
ひとり親家庭　73
表象　15
ビューラー　15
敏感　88
貧困化　40
頻尿　94
不登校　101
母国語　82
ホスピタリズム　41

ま 行

夢遊病　96
目的　11
モラトリアム　18

や 行

夜驚症　96
夜尿　95
有能感　11
指しゃぶり　98
幼児期後期　15
幼児期前期　13
幼児期の精神保健　93

ら 行

ライフコース　41
離婚　107
レインボウプログラム　74
老年期　19

●松本　園子（まつもと・そのこ）
お茶の水女子大学大学院家政学研究科児童学専攻修了・家政学修士
白梅学園大学名誉教授
[著書等]
『昭和戦中期の保育問題研究会－保育者と研究者の共同の軌跡1936〜1943』新読書社　2003
『乳児の生活と保育』ななみ書房　2011（編著）
『子どもと家庭の福祉を学ぶ』ななみ書房　2013（共著）
『証言・戦後改革期の保育運動―民主保育連盟の時代』新読書社　2013
『日本の保育の歴史―子ども観と保育の歴史150年』萌文書林　2017（共著）
『実践・子ども家庭支援論』ななみ書房　2019（共著）

●永田　陽子（ながた・ようこ）
日本女子大学大学院家政学研究科児童心理学専攻修了・家政学修士
東京都北区子ども家庭支援センター・北区男女共同参画センター専門相談員
東洋英和女学院大学大学院非常勤講師
[著書等]
『乳児の保育臨床学』東京教科書出版　1991（共著）
『人育ち唄』エイデル研究所　2006
『子どもと親を幸せにする　保育者・支援者のための保育カウンセリング講座』フレーベル館　2007（共著）
『実践・子ども家庭支援論』ななみ書房　2019（共著）
『0歳児保育革命1』ななみ書房　2017

●長谷部（大野）比呂美（はせべ（おおの）・ひろみ）
お茶の水女子大学大学院人間文化研究科発達社会科学専攻修了・人文科学修士
淑徳大学短期大学部・教授
[著書等]
『幼児教育ハンドブック』お茶の水女子大学子ども発達教育研究センター　2004（分担執筆）
『保育・福祉専門職をめざす学習の基礎』ななみ書房　2009（共著）
『保育・教職実践演習』萌文書林　2016（共著）
『教師・保育者のための教育相談』萌文書林　2017（共著）
『保育の心理学』ななみ書房　2019（共著）

●日比　曉美（ひび・あけみ）
お茶の水女子大学大学院人文科学研究科教育心理学専攻修了・文学修士
前蒲田保育専門学校・講師，社会福祉法人桜樹会・白ばら学園第2こどもの家副園長
[著書等]
『人間性の心理学―モチベーションとパーソナリティ』産能大学出版部　1987（共訳）
『人間の発達と生涯学習の課題』明治図書　2001（共著）
『子どものこころ，子どものからだ』八千代出版　2003（共著）
『子どもの元気を育む保育内容研究』不昧堂出版　2009（共著）
『保育の心理学』ななみ書房　2019（共著）

●堀口　美智子（ほりぐち・みちこ）
お茶の水女子大学大学院人間文化研究科人間発達科学専攻修了・学術博士
前宮城教育大学准教授
[著書等]
「妊娠期のペアレンティング教育：ジェンダーと発達の視点を組み込んだ米国のプログラムの考察」2005『F-GENSジャーナルNo.4』（お茶の水女子大学21世紀COEプログラムジェンダー研究のフロンティア）
「乳幼児をもつ親の夫婦関係と養育態度」2006『家族社会学研究』17(2)
『実践・家庭支援論』ななみ書房　2011（共著）
『子どもと家庭の福祉を学ぶ』ななみ書房　2013（共著）

[イラスト]　　マーブル・プランニング

子ども家庭支援の心理学

2019 年 9 月 1 日　第 1 版第 1 刷発行

●著　者	松本園子 / 永田陽子 / 長谷部比呂美 / 日比曉美 / 堀口美智子
●発行者	長渡　晃
●発行所	有限会社　ななみ書房
	〒 252-0317　神奈川県相模原市南区御園 1-18-57
	TEL　042-740-0773
	http://773books.jp
●絵・デザイン	磯部錦司・内海　亨
●印刷・製本	協友印刷株式会社

©2019　S.Matsumoto,Y.Nagata,H.Hasebe,A.Hibi,M.Horiguchi

ISBN978-4-903355-79-5

Printed in Japan

定価は表紙に記載してあります／乱丁本・落丁本はお取替えいたします